Minchen Klußmann

Burgsteinfurt und ich
(M)Eine komplizierte Geschichte

Bibliografische Information der Deutschen Nationalbibliothek:
Die Deutsche Nationalbibliothek verzeichnet diese Publikation in der Deutschen Nationalbibliografie; detaillierte bibliografische Daten sind im Internet über www.dnb.de abrufbar.

ISBN 978-3-937772-45-5

1. Auflage Mai 2024

Einbandgestaltung: Ruth Damwerth/peppermint Werbeagentur, Berlin. Alle Bilder stammen aus dem Privatbesitz der Autorin.

Herstellung: books on demand GmbH, Norderstedt

Minchen Klußmann

Burgsteinfurt und ich

(M)Eine komplizierte Geschichte

biografieVERLAG
ruth damwerth

Inhaltsverzeichnis

Beziehungsstatus: kompliziert

Die glücklichsten Jahre, Jahrzehnte meines Lebens habe ich mit meinem Mann, unseren Töchtern und einem wunderbaren Freundeskreis in Rommerskirchen verbracht, um das gleich vorwegzuschicken. Trotzdem ist Burgsteinfurt der Ort, der mich am stärksten geprägt und nie losgelassen hat - im Guten wie im Schlechten. In Burgsteinfurt wurde ich geboren, nach Burgsteinfurt habe ich mich gesehnt, selbst wenn ich nur zwei Kilometer entfernt bei einer Tante übernachtete. Nach Burgsteinfurt bin ich nach dem viel zu frühen Tod meines geliebten Mannes zurückgekehrt, in der Hoffnung, Heimat (wieder-) zu finden.

„Minchen Becker vom *Friedhof*! Also, das waren ja Zustände bei euch damals. Was euer Willi sich damals geleistet hat und Gerhard, der Hermann erst, also nein…!“ Ich hatte kurz nach meinem Rückzug nach Burgsteinfurt das Büro das Heimatvereins betreten, um mich für eine Radtour anzumelden. Als ich gefragt wurde, ob ich gebürtige Burgsteinfurterin sei, stellte ich mich mit meinem Geburtsnamen vor. Die Reaktion traf mich vollkommen unerwartet und verletzte mich zutiefst. All diese alten Geschichten wurden wieder rausgekramt! Ich bestreite sie gar nicht, aber warum werden sie mir zum Vorwurf gemacht? Ich habe da keine Aktien dran. Und warum wird heute noch darüber geredet und nicht über das, was meine Schwester Elisabeth als höchst beliebte Gemeindeschwester hier jahrzehntelang geleistet hat oder was meine Mutter alles Gute für so viele Menschen getan hat?

Dann begann auch noch ein Cousin, bei einem Treffen aller Cousinen und Cousins, ins selbe Horn zu stoßen und unsere Familie in den Dreck zu ziehen. Da habe ich gedacht: Das erträgst du keine Sekunde länger! Ich hatte Glück, vor Kopfende des Tisches zu sitzen, so dass ich alle erreichen konnte, wenn ich einmal laut wurde, was ich nur sehr sehr selten in meinem Leben getan habe. Aber nun war es einmal notwendig. „Hier sitze ich, nicht Willi, Annchen oder Gerhard. Ich. Und ich möchte, dass ihr euch mit mir auseinandersetzt. Wie war denn mein Leben überhaupt? Nicht einer von euch weiß irgendwas von mir. Keiner! Ich möchte von euch nichts mehr über Menschen hören, die mindestens seit 20, 25 Jahren tot sind. Interessiert euch für mein Leben!“ Da stockte meinem Cousin der Atem, weil ihm plötzlich klar wurde, dass keiner auch nur die leiseste Ahnung von meinem Leben hatte. Ich bin hier in Burgsteinfurt vollkommen unscheinbar aufgewachsen.

Diese Ereignisse haben in mir das Bedürfnis geweckt, Klarheit zu erlangen: Klarheit vor allem über mein Leben, aber auch über meine alte und neue Heimat - Burgsteinfurt.

Wurzeln: Burgsteinfurt

Meine Eltern sind beide gebürtige Burgsteinfurter. Mamas Eltern kommen aus ganz ärmlichen Verhältnissen aus der Bauerschaft Hollich, die damals noch ein Moorgebiet war, in dem nur kleine Kötter und einfache Landarbeiter lebten. Meine Großmutter war zudem unglücklicherweise schon mit zwölf Jahren verwaist. Sie und ihre jüngeren Geschwister wurden zu Bauer Dauermann gegeben, einem größeren Bauer, bei dem sie später auch als Dienstmagd in Stellung war.

Mein Opa hat als Knecht gearbeitet. Ich weiß nicht viel von ihm, nur dass seine Familie so arm war, dass schon in der großen Auswanderungswelle in der zweiten Hälfte des 19. Jahrhunderts viele seiner Geschwister und andere Verwandte nach Philadelphia ausgewandert sind. Meine Mutter hatte noch lange Zeit Kontakt zu einigen amerikanischen Cousinen.

Diese beiden, Dienstmädchen und Knecht, haben jedenfalls standesgemäß geheiratet und sind vom Land in die Stadt, nach Burgsteinfurt gezogen, in die Straße, die solange ich denken kann, *Türkei* heißt. Zunächst haben sie Land vom Fürsten gepachtet und sich dadurch selber versorgt, wie das damals üblich war: ein paar Schweine, Hühner, selbst angebaute Kartoffeln und Gemüse. Später hatten sie ein kleines Milchgeschäft, mein Opa fuhr mit einem Pferdegespann die Milchkannen aus. Irgendwie haben sie es mit viel Fleiß geschafft, das kleine Häuschen in der *Türkei* zu erwerben.

Meine Großmutter bekam vier Kinder, meine Mutter Wilhelmine, die 1907 geboren wurde, Christine (Stine) und Adele, sowie einen Sohn, Rudolf, der allerdings schon im Kindesalter starb.

In einer der Burgsteinfurter Bauernschaften starben auf dem Hof Berning beide Eltern und die Kinder wurden, wie das damals so üblich war, vom Pastor aufgeteilt. Adoptivurkunden oder so was kannte man gar nicht. Meine Großmutter wohnte direkt an der kleinen Kirche, da war es naheliegend, dass der Pastor auch zu ihr kam: „Ich bring dir hier die Anna Berning." Oma war aber auch sehr gläubig und eine unendlich gute Frau, das wurde uns früher immer wieder berichtet. Außerdem war sie vielleicht aufgrund ihres eigenen Schicksals offen dafür, ein Waisenkind aufzunehmen. Tante Anna ist jedenfalls mit meiner Mutter und ihren Schwestern zusammen groß geworden und hat erst am Tag ihrer Hochzeit erfahren, dass sie gar nicht zur Familie gehörte. Diese Offenbarung hing nicht zuletzt damit zusammen, dass sie einen katholischen Mann heiratete und meine Oma sich geweigert hat, zum Trauungsgottesdienst zu gehen. Nicht in eine katholische Kirche!

Die Eltern von Papa stehen auf einem ganz anderen Blatt. Beide kamen von großen Bauernhöfen und aus gut situierten Verhältnissen. Papa, Hermann Becker, hatte neun Geschwister. Seine Mutter, eine geborene Finke, hat mit 16 Jahren das erste und im Alter von 46 Jahren das letzte Kind bekommen. Mein Vater wurde 1904 geboren, hat Schlosser gelernt und später bei Siemens Karriere gemacht. Er wurde Spezialist für Signalwerke, ist dann zur Reichsbahn gewechselt und hat für die Bahn in ganz Deutschland Bahnhöfe signalwerkstechnisch ausgestattet. Er hat mal erzählt, dass er unter anderem einen erheblichen Anteil daran hatte, den Bahnhof in Königsberg aufzubauen.

Mein Vater und zwei seiner Brüder, Johann und Gerhard, gingen besonders gerne feiern. Sie hatten das notwendige Kleingeld, auf Bildern aus der Zeit sieht man auch, wie gut die drei gekleidet waren. Hinzu kam, dass mein Vater ein großer stattlicher Mann war, wenn auch nicht ganz so lang wie sein Bruder

Johann mit zwei Metern Körperlänge. Wenn die drei mit ihren Spazierstöckchen auf einem Fest auftauchten, machte das schon was her. Die drei „räumten“ auch in den Bauerschaften auf, zu ihrer körperlichen Überlegenheit kam die soziale Stellung…

Meine Oma mütterlicherseits hat es trotz der Aufgabe, in ärmlichen Verhältnissen vier Mädchen großzuziehen, geschafft, dass eine von ihnen eine Ausbildung bekam. Meine Mutter war, für die damalige Zeit sehr ungewöhnlich, gelernte Oberbekleidungsschneiderin - und zwar nicht irgendeine! Sie hatte bei dem Schneiderbetrieb Gassel gelernt, der in Burgsteinfurt die Haute Volée bediente, Frau Justizrat hier, die weiblichen Mitglieder der Brauereifamilie Rolinck dort. Da durfte sie das Nähen lernen, musste täglich einen Liter Milch mitbringen, Nähhut und Nähnadel selbst stellen und den Beitrag zur Krankenversicherung selber bezahlen, bekam also nicht mal das Schwarze unterm Fingernagel. Deswegen war es für die Tochter eines kleinen Dorfkötters so ungewöhnlich, dass sie drei Jahre lang lernen durfte, noch dazu als Mädchen.

Ihre beiden Schwestern hatten nicht die gleichen Möglichkeiten, was die Ausbildung betraf. Stine heiratete einen Mann aus Hollich, mit dem sie das Milchgeschäft übernahm. Tante Adele, die angeblich weder bildhübsch noch besonders begabt war , wurde mit einem Witwer in dritter Ehe verheiratet. Beide vorhergehenden Ehefrauen waren während der Geburt eines Kinder gestorben. Es gab zwar zwei Krankenhäuser in Burgsteinfurt (natürlich zwei: ein evangelisches und ein katholisches!), aber Geburten wurden von Hebammen betreut und gerade in Not- oder Kriegszeiten stießen die schnell an ihre Grenze. Über deren Hausmittelchen hinweg gab es wenig.

Mama hat also als Schneiderin gearbeitet und hatte eigenes Geld, ein richtiges Einkommen. Und da sie wirklich gut war, hat sie gar nicht schlecht verdient. Jedenfalls konnte sie es sich leisten, feiern zu gehen, im Mandolinenklub mitzumachen, im Gesangsverein zu sein - sie war sehr musikalisch.

Wilhelmine Raeker und Hermann Becker müssen ein Burgsteinfurter Fest nach dem anderen mitgenommen haben, wobei Hermann bei diesen Gelegenheiten dem Alkohol alles andere als abgeneigt war.

Mama sah extrem niedlich aus, Papa war ein bildhübscher junger Mann, so sind sie sich begegnet und ich muss sagen, dass ich eine so tiefe Liebe, wie die beiden verband, nie wieder gesehen habe. So ist das eben passiert: Meine Mutter erwartete bald ein Baby. Immerhin waren beide evangelisch, sonst hätte es wohl noch viel mehr Ärger gegeben.

Wegen der Fürstenfamilie Bentheim-Steinfurt zu Burgsteinfurt, den ehemaligen Herrschern der Reichsgrafschaft Steinfurt, war Burgsteinfurt eine evangelische Enklave im rabenschwarzen katholischen Münsterland, was zu einer entsprechenden Burgmentalität und zahllosen konfessionsbedingten Konflikten führte. Bis in mein Erwachsenenalter hinein spielte das Abgrenzen gegenüber den „anderen" eine Rolle, die heute kaum noch vorstellbar ist. Die negativen Eigenschaften hatten immer nur die Katholiken.

Nun war meine Mutter zwar immerhin evangelisch, trotzdem gefiel die Verbindung zu meinem Vater ihrer zukünftigen Schwiegermutter überhaupt nicht, weil sie eben nur von einem kleinen „Kum-ap" stammte.
Mein ältester Bruder war unterwegs, die Hochzeit bereits angesetzt, aber die Ablehnung von Familie

Becker wurde immer stärker. Mein Vater installierte zu dem Zeitpunkt die Signalwerke am Bahnhof Worms. Ihren Briefen aus der Zeit entnehme ich, dass Mama große Bedenken hatte, ob er zur Hochzeit erscheinen würde. Aber mein Vater schrieb rührend zurück und zählte zudem auf, wieviel Wein er in Worms geordert hatte und mitbringen würde und was sonst noch zu organisieren war. Er wollte ganz offensichtlich eine Hochzeit, die seiner Herkunft angemessen war.

Im Endeffekt sind nicht nur er, sondern auch seine Familie (die allerdings zähneknirschend) zur Hochzeit erschienen. Sie heirateten am 13. März 1929, an Papas 25. Geburtstag, und am 10. Juli kam Hermann zur Welt.

Im folgenden Jahr hat mein Vater sich von einem Cousin 6000 Reichsmark geliehen, den Rest bekam er als Bahnbeamter von der Spar- und Darlehenskasse, und meine Eltern haben das Haus in der Straße gekauft, in der ich dann später aufgewachsen bin und die den merkwürdigen Namen *Friedhof* trägt. Trotzdem hat Papas Familie es uns immer spüren lassen, dass wir „nicht standesgemäß“ waren. Sie schätzten es auch nicht sehr, dass Mama ein Kind nach dem anderen zur Welt brachte, obwohl die

Schwiegereltern ja ebenfalls kinderreich waren. Wir hatten daher zu Beckers nicht das gleiche enge Verhältnis, wie zu den Schwestern meiner Mutter und deren Kindern, unseren Cousins und Cousinen.

Meine Eltern führten eigentlich ein relativ städtisches Leben, aber natürlich gab es in einem Anbau im Hof ein Paar Schweine und etwas vom Haus entfernt einen großen Eisenbahnergarten, aus dem sie einen Großteil ihrer Lebensmittel bezogen.
Papa hatte es mittlerweile zum Reichsbahn-Inspektor gebracht und verdiente sicherlich gut. Er hatte aufgrund seiner besonderen Stellung immer Rufbereitschaft bei Nacht und Nebel. Wenn irgendwo Signale ausfielen, sei es durch Unfall, Sturm oder was auch immer, musste er raus. Er hatte ein Eisenbahnertelefon, das durften wir nicht privat nutzen, aber er war immer erreichbar. Manchmal konnte er Probleme schon am Telefon lösen, indem er seine Mitarbeiter vor Ort anwies, aber oft musste er selbst raus. Er fuhr dann mit einer Draisine, da es ja immer um Einrichtungen direkt am Gleisnetz ging. Die fuhr nicht besonders schnell, aber man erreichte das Ziel, und zwar auf dem direktesten Wege. Er nahm häufig Mitarbeiter mit, die ihn wohl auch manchmal vor

Üblem bewahrt haben, vor Abstürzen aller Art. Denn mein Vater hatte ein Alkoholproblem.

Mama hatte sich einen eigenen Kundenstamm aufgebaut, und zwar nicht irgendeinen. Sie wurde z.B. zu Frau Hofrat bestellt, ging dann den ganzen Tag dorthin und nähte vor Ort. Das hatte den großen Vorteil, dass Frau von und zu jederzeit zur Anprobe zur Verfügung stand. Sie bekam zum Nähen ein eigenes Zimmer zugewiesen und konnte ihre Kinder mitbringen. Meine ältesten Brüder sind häufig dabei gewesen, oft auch länger als einen Tag, weil Burgsteinfurt groß und die Wege weit waren. Bis zu einer Woche konnten die Einsätze dauern, Kost und Logis wurden dabei gestellt. Sie wurde aber auch viel zu größeren Bauern bestellt, bei denen sie oft eine komplette Aussteuer, Fest- und Alltagskleidung und sogar Unterwäsche und Nachthemden nähte. So hat meine Mama immer gearbeitet und sicher nicht schlecht verdient. Ich denke, es spielte eine Rolle, dass sie einfach ihre Unabhängigkeit bewahren wollte, gerne nähte und ihr eigenes Geld haben wollte, was sich aber zunehmend auch als notwendig erwies. Mein Vater wusste das gute Leben einfach in jeder Hinsicht zu schätzen und dadurch ging eine Menge

Geld durch. Es war damals üblich, dass Frauen Haushaltsgeld zugewiesen bekamen und damit auskommen mussten, während der Mann den Rest für sich verbrauchte. Und das Haushaltsgeld meiner Mutter war sehr knapp bemessen, weil mein Vater entsprechend gewichtete, wem wieviel zustand. Das war in der Generation offensichtlich normal, ich kann mich an keinen einzigen Streit meiner Eltern darüber erinnern. Ich erinnere mich nur daran, dass der Ratschlag meiner Oma, wenn meine Mutter sie in der *Türkei* besuchte, immer lautete: „Ach, segg men nix, hol din Muul."

Das war mit so vielen Kindern natürlich nicht immer glücklich. Hermann ist 1929 geboren, Wilhelm 1930. Gerhard Johann ist Anfang 1934 zur Welt gekommen, aber schon Ende 1935 gestorben. Er hat wohl eine Impfung nicht vertragen. Rudolf Heinrich, geboren 1935, ist nur wenige Wochen alt geworden - ich weiß nicht, woran er gestorben ist. Meine Mutter hat also zwei Kinder kurz hintereinander verloren, darüber ist sie nie ganz hinweggekommen. Vor allem Gerhard Johann war ihr Lieblingskind. Er muss ein ausgesprochen liebenswürdiges Kind gewesen sein, ein süßes blondes Baby, von dem auch meine großen Brüder schwärmten, und als der nächste Junge

1937 geboren wurde und nach seinen beiden verstorbenen Brüdern Gerhard Rudolf genannt wurde, haben sie gesagt: „Oh, wie schön, jetzt haben wir unsern Gerhard wieder."
1939 kam das erste Mädchen zur Welt, Anna Wilhelmine, und 1943 mit Elisabeth Christine eine zweite Tochter. Alle tragen Namen von Paten, Omas oder Opas, lauter innerfamiliäre Namen.

Wenn ihre Kinder im Bett lagen, fing der Tag für meine Mutter erst an. Vor elf Uhr abends hat sie wohl nie aufgehört, zu nähen. Sie hat unfassbar viel gearbeitet, hat ihren Beruf aber auch geliebt, und das bis ins hohe Alter. Das ganze Ernten, Einwecken, Schlachtefest... hat sie natürlich auch gemacht. Sie war extrem fleißig und schlief wirklich wenig. Sie sagte immer, sie brauche nicht so viel Schlaf und vielleicht war das wirklich so. Sie schlief wohl nie gut. Und sie konnte das eben auch alles, Nähen, Garten, Kochen, da hat sie sehr viel aus ihrem Elternhaus mitbekommen. Das Einzige, was sie weder gerne tat noch gut konnte, war Putzen. Damit konnte man sie wirklich bestrafen und wenn bei uns Putzen angesagt war, konnte man sie mit der Kneifzange nicht anfassen. Ich habe erst viel später begriffen,

dass es in vielen anderen Haushalten ordentlicher und sauberer zuging, als bei uns...
Aber auch hier half meiner Mutter ihre Nähkunst weiter. Es gab immer irgendwelche Frauen, die ihr halfen, Leistung gegen Leistung. Die Frauen putzten, Mutter nähte ihnen den Rock enger, weiter oder brachte ihnen Kniffe auf der Nähmaschine bei.
Trotz ihrer hohen Belastung und trotz der Konflikte, die durch den Lebensstil meines Vaters ausbrachen, war immer deutlich, wie sehr meine Eltern sich liebten und dass „durch dick und dünn" einfach ihr Thema war. Dennoch kann es für meine Mutter mit ihren vielen Schwangerschaften nicht einfach gewesen sein, zumal ja auch immer mehr Esser dazu kamen, Mäuler gestopft werden mussten.

Eine Sache ist auffällig, wenn man sich das Familienbuch anschaut: Die ersten Geburtsurkunden tragen ein großes Siegel des Standesamtes Steinfurt. Ab 1934 erscheint ganz klein das Nazisiegel daneben, das im Laufe der Jahre immer größer und beherrschender wird, bis es das andere ganz verdrängt hat.

Es wurde in meiner Kindheit nicht über die Nazizeit geredet. Das war einfach so. In den meisten Familien war das so. Dabei war ich extrem neugierig. Ich war ein so lebhaftes Kind, dass ich wahrscheinlich für viele Mitmenschen eine Prüfung war, erst recht für meine langsam aufgebrauchte Mutter. Aber wenn eine der vielen Nachbarinnen, Kundinnen, Freundinnen zu meiner Mutter in die Nähstube kam, um bei einer Tasse Tee zu reden und zu erzählen, während die Nähmaschine ratterte, saß ich mucksmäuschenstill, weil ich wusste: Jetzt wird es interessant. Trotzdem wurden wir grundsätzlich rausgeschickt: „Geht in den Hof, spielen." Aber natürlich war irgendwann der Wunsch bei mir übermächtig, mehr zu erfahren. „Lot mi men in Ruhe", war Papas einzige Antwort. Ich weiß daher über die Nazizeit nur die wenigen Bruchstücke, die ich nach und nach zusammensammeln konnte.

Mein Vater war unter den Nazis fünf Tage wegen politischer Unzuverlässigkeit im Gefängnis und hatte großes Glück, dass er bei der Bahn so dringend gebraucht wurde, dass sie ihn schnell wieder laufen ließen. Dabei war mein Vater sehr diplomatisch, er wusste schnell, wen er vor sich hatte, wann er reden und wann er sich zurückhalten musste. Er hat sich später auch selten politisch geäußert. Aber in der

Nazizeit ist ihm wohl irgendwann die Hutschnur geplatzt und er hat nicht mehr an sich halten können. Er sagte später, dass er genau wüsste, wer ihn angeschwärzt und in den Knast gebracht habe. Das war einer von denen, die nach Ende der NS-Zeit als erste wieder fleißig zur Kirche gingen und möglichst weit vorne saßen. Das galt offenbar für einige der größten Nazis…

Im Haus neben meinen Eltern lebte Familie Michel, das waren Juden. Man konnte von einem Haus zum anderen gelangen, ohne über die Straße zu müssen, indem man hinten durch die Sode ging. Das war der etwa siebzig Zentimeter breite Abwassergraben zwischen unseren Häusern, der seit langem nur noch Regenwasser transportierte. Wenn Mama wieder mal schwanger war, ist Frau Michel oft gekommen: „I seiht so schlecht ut, ick bring ju een Süppken.“ Das hat sie wohl bis 1938 gemacht, bis sie irgendwann, kurz vor der Reichsprogromnacht, ein letztes Mal da war und sich entschuldigt hat: „Frau Becker, ick draf ju dat nich mehr brengen, ick kumm dabie üm.“ Frau Michel ist, wie ich viel später erfahren habe, im KZ ermordet worden, ihr Mann an den Folgen der Verschleppung ins KZ gestorben.

Mein Vater ist etwa drei Monate als Soldat in Frankreich gewesen, dann jedoch freigestellt worden, weil er bei der Eisenbahn unabkömmlich war. Mama sagte immer: „Die kunn gar nich ohne Papa." Er hat dann mit dem Nachbarn Onkel Hohne unter der Schmiede einen Bunker gebaut und den haben viele in der Ecke gut genutzt. Einer der häufigsten Besucher war Nazi-P., ein stadtbekannter Nazi, der gegenüber meinem Elternhaus lebte und mit seiner ganzen Familie im Bunker saß. Dort packte er Kekse und Bonbons aus - nur für seine Kinder. Das gab es in dieser Nachbarschaft nicht! Alle oder keiner! Ich habe oft gefragt, warum sie den einfach nicht rausgeworfen haben, aber habe, wie auf die meisten Fragen, nie eine Antwort bekommen.

Hermann und Willi waren beide in dem Alter, in dem man zur HJ musste und hätten davon nicht unterschiedlicher berichten können. Hermann war begeistert dabei, er erzählte später immer noch vollkommen erfüllt davon, wie sie in der Meteler Heide Räuber und Schanditt gespielt und sich selbst bekocht hatten. Er hat das vollkommen unpolitisch erlebt und ist gerne hingegangen. Willi fing dagegen überhaupt nichts mit der HJ an und hat sich vor der Teilnahme gedrückt. Da die aber schon nicht mehr freiwillig

war, wurde er zur Strafe dazu verdonnert, bei den drohenden Angriffen mit einer Handkurbelsirene durch den Ort zu laufen und Alarm zu geben.
Burgsteinfurt hatte häufig Alarm, aber nur eine wirklich schwere Bombennacht, in der die kleine Kirche und damit auch das in der Nähe liegende Elternhaus meiner Mutter vollkommen zerstört wurden. Meine Großeltern waren zu der Zeit schon tot, sie sind mit Mitte sechzig recht jung gestorben, was damals nicht unüblich war. Mein Cousin, der in dem Haus groß geworden ist, hat mir später erzählt, dass er mit seiner Mutter, Tante Stine, im Bagno zum Holz sammeln gewesen war. Plötzlich kam dieser Angriff. Sie waren im Bagno relativ geschützt, haben da abgewartet, sind dann nach Hause gerast, als alles vorbei war, und haben schon von Weitem gesehen: Alles brennt in der Ecke. Ihr Haus war kaputt, alles weg. Da ist die ganze Familie von Tante Stine mit fünf Kindern bei meiner Familie mit damals ebenfalls fünf Kindern eingezogen. Später, aber erst nach Kriegsende, haben sie von der Stadt eine Art Behelfsheim zugewiesen bekommen.
Außer der Einquartierung haben meine anderen Geschwister von Nazizeit und Krieg nicht viel mitbekommen, die waren ja noch deutlich jünger und

mehr in Haus und Garten unterwegs. Ganz wichtig war, dass die Familie nie Hunger gelitten hat. Sie hatten ein großes Stück Land in der Nähe vom Bagno, das sie bewirtschafteten und später den großen Garten, einen gepachteten Eisenbahnergarten in der Nähe der großen Kirche. In den schlimmsten Notzeiten verlangte meine Mutter auch Naturalien für ihre Näharbeiten und sie hatten durch Papas Familie die Möglichkeit, heimlich ein Schwein zu schlachten, auch in Zeiten, wo das verboten war. Das funktionierte so: Wenn Tante Lisbeth in Sellen eine Kuh schlachtete, wurde eines unserer Schweine bei Nacht und Nebel dahin transportiert, heimlich mitgeschlachtet und anschließend bekam jeder ein halbes Schwein und eine halbe Kuh zum Verwursten und Verarbeiten. Hunger gelitten, das hat meine Mutter immer betont, haben sie nicht einen Tag. „Hunger haben wir nicht gehabt und nicht gekannt."

Wenn Bettler kamen, die Haustür stand ja immer offen und sie konnten direkt bis in die Nähstube durchlaufen, sagte Mama grundsätzlich, Geld könnte sie nicht geben, aber sie sollten sich setzen. Dann machte sie ihnen ein Brot und einen Pott Muckefuck. Essen haben immer alle bekommen. Manche fragten dann auch: „Häbt I watt antotrecken"? Da hatte Mutter einen großen Fundus, manchmal konnte sie mit einer warmen Jacke oder einem anderen Kleidungsstück helfen. Die Hilfsbereitschaft meiner Mutter wurzelte, meine ich, in ihrem tiefen Glauben und kannte nur eine einzige Ausnahme: Zeugen Jehovas. Wenn die ins Haus kamen, wurde man sie so schnell nicht wieder los. Ich erinnere mich, dass Mutter einmal gerade wieder eine ihrer Kundinnen verabschiedet hatte, als die Zeugen Jehovas reinkamen und den kurz bevorstehenden Weltuntergang proklamierten. „Datt mägt nix!“, konterte die Kundin auf dem Wag nach draußen. „Wi häbt in Goden noch en grautet Waterfatt, do krubt wi dann in.“ Zeugen Jehovas waren die einzigen, die irgendwann nicht mehr reingelassen wurden.

Ein Nachkriegskind

Ich bin am 10. Juni 1946 geboren und nicht nur das einzige Nachkriegskind, sondern auch das einzige Kind, das nicht zu Hause geboren ist, weil die alte Hebamme, die Mutter zum soundsovielten Mal versorgte, eine Hausgeburt abgelehnt hat. Bei Elisabeth war die Nachgeburt angewachsen gewesen, Mutter und Kind hatten auf der Kippe gestanden und anschließend hatte die Hebamme verkündet: „Ick pack ju nie mehr int Huse an." Damit bin ich das einzige Kind, das im Krankenhaus geboren ist. Im evangelischen, selbstverständlich, doch nich bi di Nunnen! Meinen Namen finde ich nicht besonders, vor allem in der Kindheit habe ich es gehasst, mit diesem Namen gestraft zu sein. Ich sollte eigentlich Rosemarie heißen, aber dann hat Vater auf dem Weg zum Amt die Freude über das jüngste Kind schon ausgiebig begossen und in der Amtsstube angekommen, fiel ihm der auserkorene Name nicht mehr ein. So hat er fix eine Wilhelmine aus mir gemacht.

Meine allerersten Erinnerungen sind Bewegung. Ich konnte schon mit elf Monaten laufen und brauchte einfach enorm viel Bewegung. Ich sehe mich, wie ich zwischen Mutters Nähstube, die an die große Küche angrenzte, und der Küchentür hin- und herlaufe, hin- und herlaufe. Meine ältesten Brüder, die damals schon siebzehn, achtzehn Jahre alt waren, fanden es wohl sehr erfrischend, nach der ausgesprochen ruhigen Elisabeth (O-Ton meiner Brüder: „Schlaftablette!“) ein so lebhaftes Kind im Haus zu haben und haben das dementsprechend gefördert. Wir hatten Wiemen in der Küche und im Flur. Das sind Eisenstangen, die wie dünne Eisenbahnschienen aussehen, an denen die Schnesen mit Würsten und Schinken hängen - schön luftig und kühl. Diese Wiemen waren natürlich nicht durchgehend voll behängt, die Wurst war gegessen, der Schinken aufgebraucht, und dann ging mein ältester Bruder mit seinen zwei Metern Körperlänge hin und hängte mich an den Wiemen. Da hing ich dann als kleines Kind und begann zu turnen, Überschlag zu machen. Hermann stand unter mir, das war also nicht gefährlich, und alles quiekte immer vor Begeisterung bei jedem Überschlag. Das fand ich als Kind toll! So machten sie ein richtiges Zirkuspferd aus mir: Ich merkte einfach, dass ich bewundert wurde, wenn ich bestimmte Sachen machte, und habe es dann auch drauf angelegt.

Mama hatte mir ein Kleid mit einem Tellerrock gestrickt. Wenn ich mich darin drehte, stand der waagerecht von mir ab. Meine Brüder nahmen mich als Drei-, Vierjährige mit zum Frühschoppen, dort wurde gesungen oder das Radio aufgedreht: „Ei ei ei Maria, Maria von Bahia…“ Danach habe ich „getanzt“ mich mit dem Tellerrock gedreht, bis er flog, bekam garantiert von der Wirtin ein Stück Schokolade und von allen anderen Applaus. Nochmal und nochmal, ich wirbelte durch die Gegend und fand das toll. Hermann und ich waren ja auch ein Pärchen wie Paul und Clärchen, er ein zwei Meter großer Kerl und ich so ein Winzling.

Das Haus, in dem ich groß geworden bin, war eigentlich geräumig, bot aber aufgrund seiner Bauart wenig Platz. Wenn man den Altbau von 1639 betrat, stand man in einer großen Diele, die zum Abstellen von Karren usw. genutzt wurde. Rechts und links der raumgreifenden Diele lagen winzig kleine Zimmerchen. Hinter der Diele erstreckte sich die ebenfalls sehr große Küche, die von einem Esstisch, der der gesamten Großfamilie Platz bot, beherrscht wurde. Hinter der Küche war ein zweistöckiger Anbau mit Flachdach, den meine Eltern errichtet haben.

Unten befand sich Mutters Nähstube, oben ein großes Kinderzimmer, in dem wir zu viert oder fünft schliefen. Es war groß, aber neben all den Betten passte gerade mal noch ein Kleiderschrank rein, das war´s. Neben der Küche gab es noch eine Waschküche, außerdem eine Upkamer.

Der Großteil des Hauses war unbeheizt, man konnte sich im Winter nicht dort aufhalten. Lediglich in der Küche stand der übliche Kohleherd, ein weiterer Ofen, der ebenfalls durchgehend beheizt wurde, stand in Mamas Nähstube und das war es. In einem Räumchen neben der Diele befand sich eine Toilette, wir wuschen uns in der Küche. Einmal in der Woche wurde in der Waschküche der Waschtopf angemacht, dann badete die ganze Familie, alle der Reihe nach. Ansonsten wurde sich mit dem eiskalten Wasser gewaschen, gründlich, und auch wenn wir nur einmal in der Woche die Wäsche wechselten, haben wir nie gestunken, ganz im Gegenteil roch meine Mutter immer ganz vorzüglich, fand ich. Die Kleidung wurde ja auch mit Schürzen geschont. Es gab auf der Straße und in der Schule aber durchaus Kinder, die Dunstfahnen hinter sich herzogen…

Obwohl das Haus für unsere große Familie, die mit mir gerade noch einmal Zuwachs bekommen hatte, eigentlich schon zu klein war, wurden uns nach Kriegsende Flüchtlinge zugewiesen: Familie Swoboda zog in den vorderen Bereich ein, also in die Räumchen links und rechts der Diele, den hinteren Bereich nutzten wir, Küche und Toilette wurden geteilt. An Swobodas kann ich mich gut erinnern, sie wohnten etliche Jahre bei uns.

Ich war Elisabeths Kind. Als Kleinkind bin ich mehr oder weniger an ihrer Hand aufgewachsen. Sie sagte, wo es lang ging, und führte mich durchs Leben. Sie nahm mich überall mit hin, zum Spielen auf die Straße, zum Milch holen, Brot kaufen. Ich lernte die ganze Nachbarschaft an ihrer Hand kennen. Und was für eine Nachbarschaft der *Friedhof* war!
Neben der Kirche, im Vorbau des Pfarrhauses, wohnten Hügings, eine Kriegerwitwe und ihre Schwägerin mit insgesamt vier oder fünf Mädchen. Die Mädchen hatten die schönsten Haare, ich war immer ganz neidisch auf ihre Zöpfe. Nebendran wohnte Oma Wessel, für jedermann da und die weltbeste Köchin. Sie war in jeder Hinsicht ein Original, eine große, kräftige Frau mit einem sehr kleinen Mann. Sie hatte ein Kind nach dem anderen bekommen. Wenn Tante Wessel bei meiner Mutter Besuchsstunde machte,

hielt ich den Atem an und hoffte, nicht rausgeworfen zu werden. Das war Märchenstunde! Einmal erzählte sie meiner Mutter: „Heinken und ich, wir kriegten ja so viele Kinder. Dor heb ick to Heini seggt: Du geist jetzt up den Dachborden und ich in den Keller. Do mött wi us wull unterwegens troffen hiäben und denn kam use Hubert.“ Sie war eine beindruckende Frau! Ich erinnere mich, dass sie mal erzählt hat, dass sie vor dem Krieg bei Justizrat Ganz in der Küche gearbeitet hat und die Fülle, die dort herrschte, ausgenutzt hat, um hungernden Kindern zu helfen. Dann bekam der Zeitungsjunge zu Weihnachten schon mal ein Huhn zugesteckt, zum Beispiel. Tante Wessel hat auch Familie Sander, eine jüdische Familie aus Burgsteinfurt, in der Reichsprogomnacht bei sich zu Hause versteckt, obwohl der Ort durchseucht von Nazis war.

Ihre Enkelkinder waren etwa in meinem Alter, mit denen habe ich viel gespielt.

Gegenüber von Tante Wessels Haus stand die Villa Rolinck, da wohnte Fränzken Rolinck, der gehörte zum verarmten Teil der Brauereifamilie, auch wenn das für uns so nicht zu erkennen war. Daher wurde er zum *Friedhof* geschickt und zog in die Villa ein. Seine Frau war die erste Frau, die in Burgsteinfurt ein Auto hatte, sie hatte es von ihrem Vater, einem superreichen Seidenhändler aus Krefeld bekommen und in die Ehe mitgebracht. Fränzken hatte nichts anderes zu tun, als den ganzen Tag zu gucken, was die Leute machten, man schaute sich ja gegenseitig beinahe bis auf den Teller. Regelmäßig setzte er sich zu Tante Wessel und dann verhackstückten die beiden alle Neuigkeiten. Frau Rolinck war sich dafür zu fein, sie duldete gar keinen Kontakt mit den Nachbarn. Dann fiel aber ihr einziger Sohn im Krieg; sie kam überhaupt nicht drüber weg und war für jede kleine Geste des Trostes und der Ermunterung dankbar. Da war sie bei Mama und Tante Wessel bestens aufgehoben. Später war sie so verarmt, dass sie Mamas Näharbeiten mit einer wunderschönen Vitrine und zwei Portraitbildern aus ihrem Besitz bezahlt hat, die heute noch meine Wohnung zieren.

Direkt neben uns wohnten Eyings, das war eine Hassliebe, die sich lange erhalten hat. He was katholsk, ist ja klar. Aber das war Tante Wessel auch. Die Ursache war wohl, dass Eyings ihre Augen auf dasselbe Haus geworfen hatten, um das meine Eltern sich damals bemühten, das Geld aber nicht so schnell zusammen bekommen hatten, so dass Mama und Papa ihnen zuvor gekommen waren. Später haben Eyings dann das Nachbarhaus gekauft, in dem Familie Michel gewohnt hatte. Herr Eying war Herrenschneider, Mama Damenschneiderin - beruflich haben sie sich sehr respektiert und geholfen.

Auf der anderen Seite wohnten Böckmanns, eine ganz liebe Familie. An unseren Hof grenzten Bevers, die Familie des Dorfschmieds, und Wulfs, Brauereiarbeiterfamilie wie so viele hier. Uns schräg gegenüber wohnten Knokes, die hatten vier oder fünf Jungs. Direkt gegenüber stand ein größeres Haus; dort lebten Hohnes, die einen Sanitätsbetrieb der allerersten Güte betrieben. In Hohnes Haus wohnte noch Frau Schroer, eine Kriegerwitwe, die MS hatte. Im ersten Stock gab es eine größere Wohnung, da wohnte Herr P., Nazi-P., mit seiner Familie. Der jüngste Sohn hieß natürlich Adolf, er spielte ebenso wie seine Geschwister eher selten mit uns. Herr P. war ein höchst unangenehmer Mensch, den ganzen Tag lag er auf der Fensterbank und schaute, wer bei uns so ein und aus ging, ob er damit was machen konnte oder nicht.

Tante Buddemeier mit ihrem kleinen Kramladen ein paar Häuser weiter gehörte auch so richtig zum *Friedhof*, obwohl sie ursprünglich aus dem Ruhrgebiet kam. Wir sprachen alle Nachbarn mit Tante und Onkel und ihrem Nachnamen an: Tante Wessel, Onkel

Eying. Unsere Nachbarn waren weder arm noch reich, ich würde sagen, bester Mittelstand für damalige Zeit: viele Handwerker, ein Finanzbeamter, Inhaber von kleinen Geschäften, Brauereimitarbeiter. Die Nachbarschaft *Friedhof*, zu der natürlich auch die *Citadelle* gehörte, eine kleine, eng bebaute Seitenstraße des *Friedhofs* und der älteste Teil Burgsteinfurts, hat sich enorm gut verstanden, es gab viele gemeinsame Aktivitäten, Skatclubs, gemeinsame Ausflüge mit Pferdekutschen, Schützenfeste. Die haben gefeiert ohne Ende, ausgetauscht, geholfen. So wunderschön das war, so gut aufgehoben wie ich mich da gefühlt habe, gab es aber auch ein erhebliches Problem: Ich habe das Skatbuch gefunden, komplett in Sütterlin geschrieben. Wenn man liest, was da getrunken wurde…

Das sind unvorstellbare Mengen. Der Alkohol spielte eine große, eine sehr große Rolle. Das *Friedhofer* Schützenfest ist auch die einzige Gelegenheit, bei der ich sogar einmal meine Mutter betrunken erlebt habe. Wenn der *Friedhof* Schützenfest feierte, herrschte Ausnahmezustand!

Die meisten in der Nachbarschaft waren der Kirche so zugetan, dass sie mit den Nazis nichts anfingen. Familie P. hat daher nie so richtig dazugehört, die waren auch bei den berüchtigten Touren mit den Pferdkutschen nicht dabei oder beim Schützenfest, die waren nie irgendwo dabei.

Die etwas größere und breitere Straße *Friedhof* und die schmale *Citadelle*, das war unser Bereich! Das war unser Spielgebiet. Das schloss den Kirchplatz der katholischen Kirche, den riesigen freien Platz gegenüber der evangelischen Kirche namens Schleifstein und die Kommende ein, da konnte man sich ganz besonders toll verstecken. Und da überall Kopfsteinpflaster war, konnte man auch überall „Tippeln" spielen, eine Zeitlang unser absolutes Lieblingsspiel. Dafür wurde im Kopfsteinpflaster eine Rille zwischen zwei Steinen ausgehöhlt. Der Tippel, ein Stöckchen, das an beiden Enden angespitzt war, wurde über die Vertiefung gelegt. Mit einem zweiten Stöckchen, das aber nur an einer Seite angespitzt war, schlug man energisch auf eine der Tippelspitzen und das ganze Stöckchen flog dann im hohen Bogen in die Luft! Wenn man richtig gut war, gelang es einem, den Tippel noch in der Luft ein zweites Mal zu schlagen, dann flog der durch die ganze Gegend. Tippeln... Ein Loch dafür konnte man eigentlich überall pulen. Darüber hat sich auch keiner aufgeregt, insofern war das schon sehr kinderfreundlich. Es kannten sich ja auch alle. Man bekam schon mal einen Anranzer, aber das war´s.

Ich habe besonders viel auf dem Kirchplatz gespielt, denn wir waren eng mit den Kindern vom Friedhofsgärtner befreundet, die wohnten direkt am Platz und da wohnten auch Hügings fünf Mädchen, mit denen wir gerne spielten. Während des Gottesdienstes war der Platz tabu, aber danach hatten wir einen Freifahrtschein. Da konnte man richtig schön spielen, auch auf der Straße, da haben wir Treibball von der kleinen bis zur großen Kirche gespielt. Der Kirchplatz war auch zum Brennball spielen ideal, direkt bei den Nonnen vor dem Haus. Und aus all den umliegenden Gassen, *Citadelle*, *Friedhof*, aber auch *Katthagen* kamen ja Unmengen Kinder, mit denen man spielen konnte, es spielten natürlich längst nicht alle überall mit, aber gerade, wenn man Brennball oder Völkerball spielte, war es toll, Ältere dabei zu haben. Das war ein Paradies in Sachen Spielen, das muss man sagen, wir Kinder waren eine große Familie.

Fünfzig Meter von unserem Haus entfernt befand sich der von katholischen Nonnen geleitete Kindergarten. Eigentlich ausgeschlossen, dorthin zu gehen, aber da die Nonnen zur Nachbarschaft, zum *Fried-*

hof gehörten, wurde ausnahmsweise ein Auge zugedrückt. Wir alle liebten Schwester Sigrada. Trotzdem war ich nur drei Tage da. Ich war so unglücklich dort, nicht zuletzt, weil am zweiten oder dritten Tag eine Art Knecht Ruprecht gerufen wurde, um einem Kind einen Schlag auf den Po zu geben. Kalkulierte Prügel, das kannte ich von zu Hause nicht. Meiner Mutter konnte schon mal am Affekt die Hand ausrutschen, aber mit Ansage und Vorlauf? Solche Schläge gab es bei uns zu Hause nicht. Und die liebe Schwester Sigrada stand dabei und schaute zu! Das fand ich dermaßen beängstigend, da wollte ich nie wieder hin. Es war für mich ja auch absolut überflüssig, in den Kindergarten zu gehen. Ich verbrachte den Tag fest an Elisabeths Hand. Meine Mutter arbeitete den kompletten Tag in ihrer Nähstube, war einfach immer da, ich musste also nicht untergebracht werden. Und Kinder zum Spielen gab es auf der Straße wirklich reichlich und genug. Tippeln, Treibball, Völkerball, Brennball, Verstecken - immer an Elisabeths Hand und am liebsten nicht direkt vor dem Haus, sondern weiter weg, damit man weniger erreichbar war. Denn Mutter hatte immer Aufträge: Geht mal eben Brot holen, geht mal eben Milch holen, bringt mal eben Frau so und so die Bluse. Schräg

gegenüber meinem Elternhaus war Buddemeier, dieser kleine Kramerladen, wo wir die paar Dinge kauften, die wir nicht selber anbauten. Wenn wir Öl brauchten, brachten wir eine Flasche mit, die aus einem großen Fass befüllt wurde. Mehl, Roggen- und Weizenmehl, mussten wir mit einem Leinensäckchen aus der Mühle holen. Wir haben viel Brot gebacken und es wurde auch für Wurstebrot und Leberbrot gebraucht. Die Leinensäckchen wurden anschließend gewaschen und waren dann bereit für den nächsten Einsatz, wenn es wieder hieß: „Geht mal eben…".
Wir hatten eine große Ledertasche, die bestimmt so viel wog, wie ich. Mit der gingen wir im Konsum Kasslerbrot holen. Elisabeth schleppte die Tasche mit dem Brot und wenn es ganz dicke kam auch noch mich. Einkäufe wurden durch uns erledigt. Das waren nie Großeinkäufe, aber es gab eben viele Botengänge dieser Art. Mamas Scheren zum Nachschleifen zu Herlitzius bringen, bei Tante Buddemeier Zucker holen, fertig genähte Sachen ausliefern. Wenn wir damit fertig waren, durften wir spielen.

Ich habe also schon bevor ich eingeschult wurde viel draußen gespielt, anfangs natürlich vor allem mit meinen Geschwistern, zunehmend auch mit anderen Kindern - und Elisabeth wurde irgendwann eingeschult, so dass ich zumindest morgens auf mich gestellt war. Abends Punkt sieben Uhr, wenn die Glocken läuteten, war Feierabend, dann mussten wir rein. So sah also ein normaler Tag vor der Einschulung für mich aus: In der Regel frühstückten wir drei Mädchen zusammen, denn die älteren Jungs waren schon um sechs zu ihren Lehrstellen aufgebrochen. Nur Mama war noch eher aufgestanden, weil sie für alle Brote zum Mitnehmen schmierte. Also saßen nur Annchen, Elisabeth und ich am Tisch. Es gab selbstgebackenen Stuten, gesalzene Butter aus der Bauernschaft, selbst gekochte Marmelade. Wurst gab es nie, das war unvorstellbarer Luxus, auch wenn wir selber schlachteten und wursteten. Das war ausgeschlossen. Zum Mittagessen gab es jeden Tag Gemüse, das war eigentlich immer lecker, alles kam aus unserem Garten. Abends gab es oft Bratkartoffeln, eine Scheibe Brot dazu und Milchsuppe, eine süße Milchsuppe mit Nudeln oder Reis. Daran erinnere ich mich genau, allerdings nicht, ob es die vor oder nach dem Abendessen gab. Eine Ausnahme war der Samstag, da gab es abends Brot. Mama schmierte Schnittchen und stellte eine große Platte davon auf den Tisch. Bei dieser Gelegenheit gab es dann auch von unserer Wurst. Als ich älter wurde, kaufte Mama

schon mal ein paar Scheiben Holländer Käse, eine köstliche Blockwurst oder Fleischwurst. Noch etwas später brachte Gerhard Wurst von dem Metzgereibetrieb mit, in dem er lernte. Das war aber gar nicht so meins. Was ich viel lieber mochte, war Schokolade, aber die gab es höchst selten. Gab es dennoch mal was, mitgebracht von der einen oder anderen Tante, was selten genug vorkam, konfiszierte Elisabeth sie. Meine Schwester wusste genau, dass ich die Schokolade sonst in eins in mich reingeschlungen hätte. Elisabeth teilte stattdessen allabendlich ein Stückchen aus, den Rest versteckte sie, damit wir am nächsten Abend auch noch ein Stück hatten. Für mich und sich selber teilte sie das ein.
Alle Mahlzeiten wurden, soweit es möglich war, gemeinsam eingenommen. Papa kam jeden Tag gegen eins zum Mittagessen. Wie in allen anderen Familien, die ich kannte, stand auch bei uns in der Küche ein Sofa, da legte mein Vater sich nach dem Mittagessen hin, hielt ein kurzes Mittagsschläfchen und fuhr dann wieder mit dem Rad zur Arbeit. Vor und nach jeder Mahlzeit wurde gebetet. Unterhaltungen bei Tisch wurden ungern gesehen und es war wichtig, dass wir gerade saßen, die freie Hand schön auf den Tisch legten, nicht schmatzen. Wir durften spre-

chen, wenn wir angesprochen wurden und hatten ansonsten eher den Mund zu halten. Das habe ich aber nicht als unangenehm oder bedrückend empfunden, das geschah eher auf eine nette Art und Weise. Papa und Mama fragten uns regelmäßig - was wir erlebt hatten, was in der Schule los war und so. Es war eher eine Art, das Gespräch zu regulieren als zu unterbinden.
Die Zeit zwischen den Mahlzeiten verbrachten wir mit Spielen im Haus und auf der Straße, unterbrochen von kleinen Aufträgen. Das begann schon direkt morgens. Jeden Morgen holten wir Milch von einem Hof ganz in der Nähe, einem der letzten Stadtkötter. Milch hatten wir immer da und haben sie viel und gerne getrunken. Milch, Wasser und Muckefuck waren unsere Getränke.
Häufig wurden wir auch in den Garten geschickt, der ein Stückchen entfernt lag. „Hol mal Salat, hol mal dieses, pflückt mal jenes.“ Das habe ich schon als kleines Kind gemacht, aber da ich so quirlig und lebhaft war, machten mir die Botengänge oder kleinen Arbeiten im Garten nicht so viel aus - außer das man dadurch eben aus der schönsten Partie Tippeln oder Treibball gerissen wurde... Außerdem konnte man in unserem Garten herrlich turnen, es gab ei-

nen Apfelbaum mit besonders geformten Ästen, die luden geradezu dazu ein,und wenn man runterfiel, fiel man weich. Den Apfelbaum habe ich sehr geliebt!
Ganz früh mussten wir auch schon helfen, nach dem Mittagessen die Küche zu machen. Dazu gehörte nicht nur das Spülen, auch der Kokosläufer in der Küche musste von Fäden, die von der Nähstube hierhingetragen worden waren, befreit werden, Staubsauger gab es noch nicht. Also suchte eine von uns die ganzen langen Läufer ab, die gefühlt immer länger wurden. Eine spülte, eine oder zwei trockneten ab. Dazu sangen wir, jeden Tag, unzählig viele Lieder, die ich durch die tägliche Wiederholung bald mitsingen und auswendig konnte. *Der Mond ist aufgegangen* oder *Ihr Kinderlein kommet* in der Weihnachtszeit waren meine Lieblingslieder.

Der Sonntag unterschied sich vom Rest der Woche deutlich. Das Schlimmste für mich war, dass sonntags morgens frisch gewaschene Kleidung angezogen wurde - manchmal war sie sogar noch ein bisschen feucht. Wir trugen Leibchen mit herabhängenden Gummibändern, in die Knopflöcher eingearbeitet waren, und lange Strümpfe, die bis fast zu den Leibchen reichten und mit Knöpfen an den Gummibändern befestigt wurden. Darunter ein Trikotschlüpfer, darüber eine wollene Unterhose. Warm war das, aber die frisch gewaschenen Wollstrümpfe waren so unvorstellbar hart und kratzig, die ruinierten mich förmlich. Ich sehe mich noch mit stocksteif durchgedrückten Knien die Treppe runterwanken, weil ich meine Knie nicht biegen mochte. So saßen wir alle sonntäglich gekleidet und steif am Frühstückstisch, nachdem Mama uns Mädchen Zöpfe geflochten hatte. Während der Woche wurden diese von roten Schleifen zusammengehalten, aber am Sonntag gab es weiße Schleifen! Weiße Schleifen und weiße, brettharte kratzige Wollstrümpfe, das beste Kleid und eine weiße Schürze davor. Wenn ich die Tortur mit den frisch gewaschenen Strümpfen hinter mich gebracht hatte, zeigte der Sonntag sich von seiner guten Seite: Es gab ein schönes Ei zu unseren Broten dazu. Danach wieder die Qual: Kindergottesdienst. Um nichts in der Welt hätten wir da fehlen dürfen. Nichts hat mich mehr gelangweilt, als stillzusitzen, ich konnte dann auch nicht zuhören. Ich fand diese Stunde erbärmlich lang, aber hatte zum Glück immer meine Korrektur Elisabeth bei mir. Ich habe nur dagesessen und mit den Beinen gewackelt, mich auf nichts konzentriert, nichts mitbekommen. Wir wurden während des Gottesdienstes zu Gruppenarbeiten mitgenommen, wo uns ältere Jugendliche einen Bibeltext nahebrachten oder ein Lied. Das war absolut kindgerecht und ein normales Kind hätte vielleicht auch zuhören können, aber ich konnte es einfach nicht abwarten: Ich wollte raus, ich wusste, nach dem Gottesdienst wird gegessen und danach darf ich endlich zum Spielen raus. Da zog es mich hin. Wehe, ich hatte auf dem Weg zum Kindergottesdienst schon ein Kind auf der Straße spielen sehen, dann waren meine Sicherungen schon höchst angespannt. Singen ging, aber das war schon sehr speziell, ich hatte ja noch nicht lesen gelernt… Und wenn man im Alter von drei Jahren in die Kirche geschleppt wird, singt man eben, was man versteht: „*Hafer und Psalter wacht auf*", brüllte ich mit.

Anschließend gab es jeden Sonntag ein superleckeres Mittagessen, das meine Mutter kochte - und so lecker wie es war - es zog sich für mich zu sehr in die Länge. Im Normalfall gab es einen Schweinebraten, auch schon mal Rouladen oder Gulasch, Rindfleisch war aber eher selten. Wir hätten auch Pferdefleisch beim Pferdemetzger Moritz Sander kaufen können, aber zum Glück mochte Mutter das nicht. Es war schon schlimm genug, dass wir dort regelmäßig für Frau Schroer einkaufen mussten, die das wegen ihrer MS-Erkrankung nicht selber konnte. Der nette jüdische Inhaber gab uns jedes Mal eine kleine Wurst und die konnten weder Elisabeth noch ich essen. Aber Elisabeth fand, es sei eine Sünde, sie wegzuwerfen, also mussten wir immer nach Kindern suchen, die Pferdewurst mochten. Papa aß gerne Wild. Als junger Mann hatte er mit seinen Brüdern eine Jagd gehabt und selbst die sehr langsam fahrende Draisine, mit der er zu notwendigen Signalwerksreparaturen fuhr, erwies sich für manchen Fasan oder Hasen als noch zu schnell... Zum Glück hat nie jemand gefragt, warum er zu Signalarbeiten eine Büchse mitnahm. Mein großer Bruder Hermann zerlegte die Tiere fachmännisch. Dann konnte es passieren, dass Elisabeth und ich nichtsahnend in den Stall kamen, in dem gerade einem Hasen das Fell abgezogen wurde. Wir rannten schreiend weg und brachten den Braten anschließend nicht runter. Wild stand häufiger sonntags auf dem Speisezettel. In die Länge zog sich das Essen dadurch, dass es immer eine Vorsuppe gab, anschließend das Hauptgericht und wie jeden Mittag auch noch einen Nachtisch. Pflaumen, Pfirsiche, alles was der Garten hergab und eingekocht war, auch mal einen Pudding, meist Grießbrei mit selbstgemachter Soße. Nur an Geburtstagen und besonderen Feiertagen gab es Schokoladenpudding. Ja, sonntags wurde richtig aufgefahren, nicht zuletzt weil die ganz großen Esser, meine großen Brüder, dabei waren, die unter der Woche an ihren Lehrstellen aßen. Mama erzählte immer, welche Mengen sie zu backen, zu kochen und vorzubereiten gehabt hatte, als die noch zu jeder einzelnen Mahlzeit mit am Tisch saßen. Insgesamt verbrachten wir mehr Zeit am Tisch, die Eltern fragten, was im Kindergottesdienst und in der Gruppenstunde drangekommen war. Zum Glück hatte ich Elisabeth dabei, ich hätte die Fragen in der Regel nicht beantworten können. War das Mittagessen endlich beendet, wartete die nächste Prüfung auf uns, denn auch sonntags musste natürlich die Küche gemacht werden und ausgerechnet sonntags dauerte das schon mal länger, bis das Geschirr und die Töpfe vom Sonntagsbraten eingeweicht und geschrubbt waren... Dabei waren wir doch innerlich schon auf dem Sprung nach draußen. Meine Eltern machten derweil den „Ünnersten“, wie wir sagten, also ein Mittagsschläfchen. Umso größer war die Freude, wenn es endlich so weit war, dann durften wir den Rest des Tages ohne Angst vor irgendwelchen

weiteren Arbeitsaufträgen draußen spielen, wo noch mehr Kinder unterwegs waren als während der Woche. Sonntag war mein Tag! Wir hatten nur das Pech, dass wir, bedingt durch die Nachbarschaft, überwiegend katholische Freunde hatten, und die mussten sonntags von 14 bis 14.30 Uhr in die Christenlehre. Dann stand ich manchmal ein bisschen verloren auf dem Kirchplatz und wartete auf meine Freundinnen.
Früher war unsere Familie sonntags häufiger nach Sellen gelaufen, um Papas Eltern und Familie zu besuchen. Das weiß ich aber nur aus Erzählungen. Da Papas Eltern schon verstorben waren, als ich geboren wurde, war das nahezu komplett eingeschlafen. Wir sahen die Tanten und Onkel, Cousinen und Cousins bei Familienfeiern, ansonsten fast gar nicht. Wir wohnten am entgegengesetzten Ende von Burgsteinfurt, hinzu kam das Gefühl des Abgelehntwerdens, das sich selbst mir noch übertragen hat. Mir konnte es jedenfalls nur recht sein, dass wir da nicht hin mussten! Ich wollte einfach nur raus, spielen!

Kindergeburtstage wurden sehr schön gefeiert. Am 10. Juni gab es gerade die ersten Erdbeeren im Garten, also bekam ich einen Erdbeerboden mit Schlagsahne und durfte meine Freundinnen einladen, fünf, maximal sechs Mädchen. Natürlich gab es auch Geschenke, z.B. neue Kleider für meine Puppe, die Mama selbst genäht hatte. Schöne, aber eher bescheidene Sachen. Mittags gab es mein Wunschessen: Gulasch mit Rotkohl und Kartoffeln. Diese Kombination muss man unbedingt durcheinander panschen, das hatte ich von meinem Bruder Willi gelernt. Dann entsteht ein Brei, in den könnte ich mich heute noch reinsetzen. Das war mein absolutes Lieblingsessen.

Ostern war sehr christlich geprägt. Am Karfreitag, dem höchsten evangelischen Feiertag, legte meine Mutter eine Decke über die Nähmaschine, das war einer der seltenen Tage, an denen sie wirklich gar nicht gearbeitet hat. Es gab die traditionellen Struwen, eine Art Pfannküchlein mit Rosinen. Natürlich gingen wir in die Kirche. Karsamstagnachmittag wurde geschmückt. Bis dahin war Osterschmuck absolut tabu! Mutter stellte einen großen Strauß von Zweigen mit grünen Knospen in einer großen Vase auf unseren hohen Vitrinenschrank, so konnten wir ihn nicht umlaufen. Daran hängte sie ausgeblasene Eier, die wir selber gestaltet hatten, fein behäkelt oder in den allerschönsten Farben bemalt.

„Mutter", sagte unser Vater am Ostersonntag morgens, „watt häbb ick mi düsse Nacht erschrocken, ick häbb den Osterhasen seihn." Es wurden nur gekochte Eier versteckt, Schokoladeneier gab es noch gar nicht, ein paar hartgekochte Eier. Trotzdem machte das Suchen großen Spaß. Nachmittags gab es Kuchen in Lamm- und Häschenform.

Weihnachten war natürlich der Höhepunkt des Jahres. Schon die Zeit davor war wunderschön: Wir haben jeden Abend mit Mama Adventslieder gesungen, an den Adventssonntagen die entsprechenden Kerzen auf dem Kranz entzündet und dazu wieder gesungen, mit Keksen und Tee bzw. Muckefuck für uns Kinder.
In den ersten Jahren, an die ich mich erinnern kann, gab es bei uns am ersten Weihnachtstag morgens Bescherung, weil Mutter am Heiligabend noch so lange zu tun hatte. War sie endlich mit Nähen fertig, verwandelte sie mit einem der älteren Kinder die Nähstube zur Weihnachtsstube, weil sie sich so gut heizen ließ. Der Baum hatte seine feste Ecke und wurde immer mit silbernem Lametta geschmückt, das nach Weihnachten vorsichtig wieder abgenommen, zusammengelegt und fürs nächste Jahr aufbe-

wahrt wurde. Am Weihnachtsmorgen hatten wir natürlich genau die Utensilien da liegen, die wir nicht gerne anzogen, die Sonntagskleidung mit der frischen Wäsche und den frischen Wollstrümpfen, wir selber waren natürlich auch sauber geschrubbt und hatten frisch gewaschenes Haar. Aber an diesem Tag konnten nicht einmal die kratzigsten Wollstrümpfe das erwartungsvolle Klopfen meines Herzens beeinträchtigen. Ich bin mit meinen steif durchgedrückten Knien nach unten gegangen und das Herz schlug mir bis ich weiß nicht wo. So eine Vorfreude!

Obwohl wir evangelisch waren, bildete das Fronleichnamsfest einen weiteren Höhepunkt des Jahres: Da wurde bei den Nonnen am Kindergarten geschmückt. Das war sensationell, alle Kinder vom *Friedhof* machten mit. Aus jedem Haus wurde eine Abordnung geschickt, denn katholisch hin oder her, die überaus beliebten Schwestern gehörten zum *Friedhof*, also musste denen geholfen werden! Und wir kamen nicht mit leeren Händen! Alle Kinder waren vorher losgezogen und hatten Unmengen Blumen in Feld und Flur gepflückt, Kornblumen, Mohnblumen Margariten... Die Schwestern schütteten auf einem relativ breiten Platz vor dem Kindergarten eine dicke Schicht Sand auf und arrangierten darauf die tollsten Blumenornamente, für die wir ihnen die Blumen zureichen durften, farblich abgestimmt. Das Schmücken war immer wunderschön und wir freuten uns an den wunderbaren Bildern, die entstanden - bis der Pastor am anderen Morgen drüberlatschte und die ganze Herrlichkeit dahin war. Dann folgte unser zweiter Einsatz: alles wegräumen, das war eher traurig. In den Bürgersteig waren Metallröhren eingelassen, in die Fähnchen und Birken eingesteckt wurden. Wir als Evangelische haben hinter den Fenstern gelauert und beobachtet, wer bei der Prozession mitlief, die musste zwangläufig bei uns vorbei.

Und dann gab es noch ein „Fest“, das bei vielen, bei Weitem jedoch nicht in allen Familien unabhängig von ihrer Konfession gefeiert wurde. Das war das Schlachtefest. Wir zogen jedes Jahr zwei Schweine groß, die immer wieder Max und Moritz hießen. Am Abend vor dem Schlachtefest wurde Max oder Moritz aus dem Stall getrieben, das war schon der fürchterliche Anfang. Schweine sind nicht dumm, die merkten, dass irgendwas im Busch war, und quiekten erbärmlich. Es ist entsetzlich, wie so ein Schwein quieken kann. Das Tier wurde durch die Sode zur Straße gejagt, an der schon ein Leiterwägelchen bereitstand. Dort wurde das Schwein reingetrieben und festgebunden. Damals legte man noch Wert auf fette Schweine, drei, dreieinhalb Zentner wog so ein Tier schnell. Es wurde dann mit dem Leiterwägelchen ins Schlachthaus gezogen, das machten ganz viele so. Viehtransporte dieser Art sah man ständig.

Wenn ich am nächsten Tag aus der Schule kam, hing es meistens schon an der Leiter in der Diele. Onkel Dossler, ein Schlachtermeister im Ruhestand, der nur noch in der Nachbarschaft aktiv wurde, kam in seiner akkuraten und extrem sauberen Kleidung, brachte Werkzeug und Gewürze mit und dann begann die Arbeit. Es musste alles angebraten werden, die Braten kamen in hohe Gläser und tauchten übers Jahr als Sonntagsbraten wieder auf, die Flomen wurden ausgelassen, es wurde mit einem Fleischwolf gewurstet, wofür die Därme ausgewaschen werden mussten, es war unendlich viel Arbeit, bei der nicht nur meine großen Geschwister, sondern auch Freundinnen von Mutter und Nachbarinnen halfen. Der Wiemen wurde mit Würsten und Schinken behängt und wurde zu dem „westfälischen Himmel", als der er immer beschrieben wird. Die ganze Familie freute sich schon auf die traditionellen Fleischbällchen, von

denen es abends so viele gab, wie man wollte, aber ich als schlechte Esserin fand den Aufriss nur fürchterlich und rannte den ganzen Tag mich ekelnd durch das Haus.
Am schlimmsten war der penetrante Geruch, der sich überall ausbreitete. Die eigentliche Arbeit des Verwurstens, Anbratens usw. fand nämlich in der Küche statt, das Schwein selber wurde aber in der Waschküche zerlegt, wo zu diesem Zweck schon seit dem Vorabend der entsprechende Einsatz auf dem Waschkessel stand. Drei Einsätze gab es: Baden, Wäsche waschen und Schlachten. Ein Tag voher wurde schon eingeheizt. Mein bescheidener Beitrag bestand darin, Briketts in Seiten aus der Zeitschrift Hörzu einzuwickeln, die ich einmal in der Woche bei Frau Körth holte, damit sie schön lange vor sich hinglühten. Dieser ständige Durchgangsverkehr zwischen Waschküche und Küche führte nicht nur dazu, dass der Geruch bis in die letzte Ecke drang, sondern auch dazu, dass wirklich jede einzelne Türklinke im Haus fettig war. Und davor konnte ich mich ekeln! Nee, Schlachtefest war überhaupt nicht mein Ding, so wie ich mich ohnehin immer mehr zu einer schlechten Esserin entwickelte. Später, da ging ich aber schon lange zur Schule, hatten wir keine eige-

nen Schweine mehr, sondern bekamen Schweinehälften aus dem Schlachthof geliefert. Onkel Dossler lebte auch nicht mehr, aber er war so oft dagewesen, dass meine Mutter die Arbeit ohne ihn beherrschte und kurz darauf fing ja auch Gerhard mit seiner Metzgerlehre an.

Vom Schlachtefest mal abgesehen, waren alle Feier- und Sonntage, als ich klein war, von der Freude geprägt, draußen zu sein. Vor allem in den ersten Jahren meines Lebens war das nicht nur das Spielen mit anderen Kindern, sondern oft auch ein gemeinsamer Spaziergang mit der ganzen Familie, an dem sogar meine großen Brüder noch teilnahmen. Es ging in die Natur und seitdem weiß ich, wie ich einen Falken an der Schwanzform in der Luft erkennen kann, welches Blatt zu welchem Baum gehört, welche Melodie zu welchem Vogel und bin tatsächlich dabei gewesen, als mein Vater plötzlich ganz hektisch zutrat und eine Kreuzotter unter seinem Schuh einklemmte. Mein Vater war sehr naturverbunden, kannte sich total gut aus, freute sich daran, sein Wissen weiterzugeben und begleitete uns wunderbar durch die Jahreszeiten. Zum Beispiel wurden für eine spezielle kleine Vase, die Mama besaß, immer besonders jahreszeitentypische Blumen gepflückt. Ich fand diese Spaziergänge mit ihren Naturbeobachtungen und Naturerfahrungen nicht nur wunderschön, ich habe auch mein Leben lang von dem damals geschenkten Wissen profitiert. Insofern war ich ein großer Fan meines Vaters. Das ist die eine Seite.

Die andere ist diese:
Wenn man aus der Tür unseres Hauses trat und sich links hielt, erreichte man nach hundert Metern die erste Gaststätte. In die andere Richtung waren es vielleicht zweihundert Meter. Ich kann mich fast an keinen Abend erinnern, an dem ich nicht losgeschickt wurde, in einem der beiden Wirtshäuser eine sogenannte Ötkespulle, also eine Schnapsflasche mit einem Achtelliter Inhalt, zu holen - etliche Jahre bevor ich in die Schule kam. Ich hatte ein spezielles Täschchen, ähnlich einem Kindergartentäschchen, da passte genau eine Ötkespulle rein; eine kleine Flasche, ähnlich einem Flachmann, die 1,75 Mark kostete. Und wenn mein Vater einen „guten" Abend hatte, ging ich auch noch mal für 1,75 Mark in die andere Richtung. Komischerweise besaß mein Vater genug Schamgefühl, dass er mich nicht an einem Abend zweimal in die gleiche Kneipe schicken wollte. Oder

wollte er nur die Gasthäuser der Umgebung gleichmäßig bedienen? Ich war in den Kneipen jedenfalls so bekannt, dass ich bei Frau Schmedding, die eine der beiden gutbürgerlichen Gaststätten führte, am ersten Weihnachtstag eingeladen wurde. Ich durfte die private Weihnachtstube betreten und wurde mit Süßigkeiten beschenkt, so eine gute Stammkundin war ich.

Wenn ich je auf die Idee gekommen wäre, eine Flasche aufzumachen und auszutrinken, hätte ich das wahrscheinlich kaum überlebt, aber auf die Idee wäre ich wohl auch nicht gekommen. Trotzdem finde ich es auch im Nachhinein noch erstaunlich, dass ausgerechnet ich als jüngstes Kind losgeschickt wurde. Es war einfach so.

Wir hatten noch einen dieser ganz alten Küchenschränke, die unten viel Geschirr beherbergten. Auf dem massiven Unterteil lag eine mit Linoleum bedeckte Holzplatte, auf der deutlich zurückgesetzt ein Vitrinenoberteil stand, so dass ein großer Teil der Platte als Ablage dienen konnte. Hier befanden sich ein Obstteller und eine Kristallschale, in der die wichtige Post aufbewahrt wurde. Hinter dieser Schale stand die Ötkespulle. Mein Vater ging in regelmäßigen Abständen zum Küchenschrank, drehte uns den

Rücken zu, schenkte sich einen Schnaps ein, kippte ihn runter und setzte sich wieder hin. So ganz nebenbei.
Dieser Alkoholkonsum hat meine Kindheit sehr geprägt und in steigendem Maße belastet, zumal zwei meiner Brüder ebenfalls zunehmend tranken. Mein Vater wurde eher still, wenn er trank. Willi und Gerhard waren aber aggressive Trinker, sie begannen, sich gegenseitig oder meinen Vater so lange zu reizen, bis es knallte. Elisabeth und ich rannten dann nach hinten auf den Hof und hofften, dass nichts Schlimmeres passierte. Das beunruhigte mich. Aber dann passierte etwas, was diese Sorgen erstmal zur Seite rückte.

Verloren zwischen weißen Wändem

1951 beschlossen meine Eltern umzubauen. Die Diele sollte zu einem breiten Hausflur verschmälert werden, damit die kleinen Räume rechts und links davon an Größe gewannen. Während dieses Umbaus ist es irgendwie aufgefallen, aber ich weiß gar nicht, wodurch: Wir waren fast alle an TBC erkrankt.
Papa ist als erster weggekommen, Willi und Hermann kamen kurz darauf ebenfalls in eine Heilstätte, allerdings eine andere. Annchen, Elisabeth und ich, wir drei Mädchen, kamen gemeinsam in eine Heilstätte nach Nordkirchen. Nur Gerhard war überhaupt nicht betroffen. Er und meine Mutter waren die einzigen, die während der Umbauphase noch zu Hause waren - bis irgendwann auch meine Mutter erkrankte und umgehend in eine entsprechende Einrichtung geschickt wurde.

Ich war immer eine schlechte Esserin gewesen, aber das hatte massiv zugenommen, das war sogar mir selbst aufgefallen. Ich mochte einfach absolut nichts essen, hatte nicht nur keinen Appetit, sondern empfand sehr schnell einen solchen Ekel, dass ich nicht imstande war, überhaupt irgendwas runterzubringen.

TBC hieß im Volksmund nicht umsonst Schwindsucht.
In Nordkirchen haben Annchen und ich 13 Wochen verbracht, wir hatten nur einen Schatten auf der Lunge und keine ausgewachsene TBC. Elisabeth war im Gegensatz zu uns richtig betroffen und musste deutlich länger bleiben. Annchen und ich schliefen in einem extrem langgestreckten Schlafsaal, in dem sich rechts und links Betten an den Wänden entlang aufreihten. Ich hatte großes Glück und lag im letzten Bett vor der großen Tür, die unseren Schlafsaal mit dem nächsten verband, in dem Elisabeth untergebracht war. So fühlte ich mich ihr nah. Ich weiß nicht, wie sinnvoll das war, dass wir leichter Betroffenen dort mit den schwerer Kranken mehr oder weniger auf einem Haufen untergebracht waren. Ich kann mich ohnehin nicht an viel aus dem Heim erinnern, ich weiß nicht mal mehr, wie die Waschräume aussahen. Ich war ja auch erst fünf Jahre alt. Was ich noch weiß, ist, dass die Fenster im Schlafsaal so weit oben angebracht waren, dass man nur gegen die Wände schaute, das fand ich schade. Aber wir hielten uns dort wirklich nur zum Schlafen auf. Ansonsten waren wir im Speisesaal, von dem ich ein vages Bild vor Augen habe, und in der Liegehalle.

Liegen an frischer Luft war ja die Haupttherapie und für ein so bewegungsfreudiges Kind wie mich die ultimative Quälerei und Strafe. Von daher ist meine prägende Erinnerung an diese Zeit Langeweile. Ich habe mich nach dem Apfelbaum in unserem Garten gesehnt, darunter zu liegen statt in dieser Liegehalle. Aufzuspringen und auf den Baum zu klettern…
Schlimm war außerdem die Stecherei beim Blutabnehmen, noch heute bekomme ich Schweißausbrüche, wenn ich zum Impfen gehe. Noch schlimmer war, dass Elisabeth nicht mitkam, als ich endlich nach Hause durfte, wir haben beide bitterlich geweint.

Und leider war auch zu Hause nicht alles sofort wieder schön. Das lag zum einen an der Krankheit selber. TBC war gefürchtet, Betroffene starben wie die Fliegen. Es gab keine de-facto-Quarantäne, aber man wurde eben doch gemieden wie die Pest. Kinder machten auf der Straße einen Bogen um mich, Mamas Kundschaft ging deutlich zurück.
Es konnte nie festgestellt werden, woher die TBC bei uns eigentlich kam. Wir verkehrten mit so vielen Menschen, auch die räumlich Enge mit Swobodas, die erst unmittelbar vor dem geplanten Umbau aus-

gezogen waren, hat sicherlich nicht geholfen. Aber niemand in der Nachbarschaft war betroffen. Das erhöhte für uns den Schamfaktor. TBC betraf vor allem arme, mangelernährte Menschen. Das traf auf uns überhaupt nicht zu, aber der Makel blieb trotzdem an uns haften.

Weil TBC so ansteckend war, wurde nach jeder neu aufgetretenen Erkrankung das gesamte Haus in übelster Form desinfiziert. Ein so eingenebeltes Haus konnte man eigentlich nur für Tage verlassen, jedes Federbett war kaputt, das war wirklich ganz furchtbar.

Aber das Schlimmste war, dass Mama, die als letzte in die Heilstätte geschickt worden war, noch nicht wieder zu Hause war, als Annchen und ich aus Nordkirchen zurück kamen. Es musste also eine Huushölleske her, eine Haushälterin. In der Familie Becker gab es eine verarmte Verwandte, die Schwägerin von einer von Papas Schwestern, deren Mann im Krieg gefallen war. Wenn ich gemein sein wollte, würde ich sagen: Familie Becker hat ihre Chance gewittert, diese Frau, die wirklich Hexencharakter hatte, endlich von den Füßen zu kriegen. Jedenfalls wurde beschlossen, dass sie zu uns kommen sollte. Tante Sina entpuppte sich vom ersten Moment an als ein gemeiner Mensch, was so gar nicht zu unserem total verträglichen und umgänglichen Papa passte, der daher aber auch nie eine Chance gegen diesen Drachen hatte. Wir bekamen nicht genug zu Essen. Gleichzeitig gab es permanent Streit und Ärger, vor allem mit Annchen und Gerhard, die beide in der beginnenden Pubertät steckten. Hermann fand eines Tages eine Tüte mit Teilchen in ihrem Zimmer, die sie beim Bäcker für sich geholt hatte, während wir nicht einmal satt zu essen bekamen. Großes Geschrei, große Konflikte. Ich verstand von den Streitigkeiten und dem Geschrei nicht so viel, ich hatte nur Hunger.

Da ist die Nachbarschaft zur Höchstform aufgelaufen, diese Nachbarschaft, die sich gegenseitig aushalf, austauschte, unter den Tisch trank… Tante Buddemeier, mittlerweile Kriegerwitwe, die wirklich mit dem Existenzminimum zu kämpfen hatte, legte immer Heringe in einer dieser großen weißen Emailleschüsseln mit dem blauen Rand ein. Es gab neben ihrem einen zweiten kleinen Tante-Emma-Laden in der Nachbarschaft, Mariechen Overesch, die Heringe für sieben oder neun Pfennige das Stück verkaufte. Tante Buddemeier holte die grünen Heringe, legte die ein, machte Brathering davon und wenn wir bei ihr waren, sagte sie: „Setzt euch erst mal hin und esst vernünftig." Heringe bei Tante Buddemeier, Bratkartoffeln bei Tante Wessel, wir lebten einfach in einer über einen langen Zeitraum gewachsene Nachbarschaft, wodurch eine große Wärme entstanden war. Wenn wir trotzdem mal vor Hunger in die Knie gingen, räuberte Annchen den Räucherschrank, schnitt von der Blockwurst, die dort hing, was ab und fütterte mich und, nachdem Elisabeth ebenfalls aus Nordkirchen zurück war, uns beide damit.

Tante Sina war auch bei uns, als ich kurz nach meiner Rückkehr aus Nordkirchen eingeschult wurde. Sie hat mich am ersten Schultag zur Schule gebracht, ist aber vor dem Schultor umgedreht, während die Mütter aller anderen Kinder mit in das Gebäude kamen und den Vormittag über dabei blieben. So musste ich auch als einzige alleine nach Hause gehen, nachdem der erste Schultag vorbei war. Besondere Rituale gab es bei uns an diesem Tag ohnehin nicht, Schultüte oder so etwas kannten wir nicht. Aber sicher hätte meine Mutter dem Tag irgendwie eine besondere Note verliehen.

Zu unserem Schulgebäude, das heute noch existiert, ging man eine dreistufige Außentreppe hoch, dann kamen sieben, acht Stufen im Gebäude, bevor man das hochgelegene Erdgeschoss erreichte. Dort gab es links und rechts je ein Klassenzimmer. Darüber lagen zwei weitere Klassenzimmer und eine Art Aula, in der auch ein Klavier stand. Wir waren immer zwei Jahrgänge in einer Klasse, das fand ich eigentlich ganz schön, hatte aber auch den Nachteil, dass man den Lehrer nicht immer verstand.

Anfangs bin ich gerne zur Schule gegangen. Ich war sogar Klassensprecherin, als solche musste ich zum Beispiel ein Gedicht aufsagen, wenn Kinder verabschiedet wurden, das fand ich toll. Es gehörte aber auch dazu, den Stock für Bestrafungen zu holen, das fand ich alles andere als angenehm.

Ich fand den Unterricht soeben interessant genug, dass ich meinen Bewegungsdrang halbwegs zügeln konnte, aber natürlich freute ich mich, wenn endlich Pause war. Dann war Verstecken spielen angesagt, was hervorragend ging, weil man ganz um die Schule herumlaufen konnte. Oder wir spielten Fangen und sprangen Seilchen. Sehr beliebt war auch das Tauschen von Rosenbildchen. Dafür nahm man ein Heft, das bereits vollgeschrieben war und ausgedient hatte (unvorstellbar, ein unbenutztes Heft dafür zu verschwenden!), knickte jede Seite halb um und schob die Rosenbildchen in die entstandene Lasche. Die Tauschpartnerin durfte mit einem Finger zwischen die Seiten stechen und sich von der Seite, die sie erwischt hatte, ein Bild zum Tauschen aussuchen. Kaum hatte ich genug Zeit, in der Pause mein Brot zu essen. Wir bekamen in der Regel eine Schnitte mit Apfelschmalz oder normalem Schmalz mit, ganz selten auch mal Wurst - immer dann, wenn die drohte, schlecht zu werden und wegmusste. Dazu gab es meist einen Boskop, die hielten sich bis in den April. Die paar hundert Meter zur Schule liefen wir zumindest auf dem Rückweg immer alle gemeinsam, eine große Schar von Kindern. Dazu gehörte auch einer der Söhne zu Bentheim-Steinfurt, da die Burg ja ebenfalls in Richtung *Friedhof* lag. Er war, zumindest als Kind, so ein Schaf. Einige Kinder wollten ihn aufgrund seiner Leichtgläubigkeit immer ärgern. Erika Willke und ich haben es uns irgendwie zur Aufgabe gemacht, das nicht zuzulassen, wir fanden das gemein. Für Ungerechtigkeiten war ich sehr sensibilisiert, die vertrug ich nicht und ich war schon sehr früh relativ groß. Ich hatte bei diesen Streitereien unter Kindern also ganz gute Karten. Schräg gegenüber unserem Haus lag das Wehr, an der Stelle konnte man über eine kleine Brücke über die Aa laufen, das Tor dahinter war zur damaligen Zeit immer offen, der Weg hindurch führte bis zum Schloss. Friedrich Buddemeier und ich haben uns abgewechselt und haben unserem Klassenkameraden im Schloss mit den Hausaufgaben geholfen, er war in der Schule damals nicht der Hellste. Ich habe gar keinen Unterschied gesehen, wenn ich ins Schloss kam, ich habe allerdings auch nie wahrgenommen, dass es bei anderen Familien deutlich aufgeräumter war als bei uns. Sie liefen mit uns zur Schule und zurück, zum Spielen kamen die Fürstenkinder aber nicht raus. Sie kamen alle relativ jung in ein Internat und waren dann weg.

Hausaufgaben bereiteten mir zunächst keinerlei Probleme, aber sie waren auch kein Geschenk, wir haben schon lange drangesessen. Und sie mussten erledigt werden, ebenso wie unser Zimmer aufgeräumt sein musste, bevor wir zum Spielen raus durften – oft mit dem Wissen im Nacken, dass dann ja auch noch Eier in der Bauernschaft geholt oder irgendwelche Botengänge erledigt werden mussten. Noch schlimmer war es, wenn ein Kind reinkam und fragte: „Darf Minchen spielen kommen?" Dann war dieses Sitzen müssen, Hausaufgaben erledigen, Bohnen döppen, was immer gerade dran war, doppelt schwer.

Ziemlich zeitgleich mit der Einschulung kam ich auch zum CVJM, das war einfach so, da machten wir (natürlich nur die Evangelischen!) alle mit. Selbst unsere Schule wurde wegen Bauarbeiten vorübergehend ins CVJM-Heim ausgelagert.
Beim CVJM machten wir die allerschönsten Sachen, spielten in der Meteler Heide, machten Ausflüge, bastelten und sangen. Einmal, als ich noch sehr frisch dabei war, probten wir ein Krippenspiel ein. Ich bekam die tragende Rolle eines kleinen Engelchens, das ohne jede Funktion oder Text mit drei anderen Engelchen als schmückendes Beiwerk vorne auf der Bühne stand. Eine unserer Aufführungen fand in einem Straflager statt, in dem angeblich Schwerstverbrecher eingesperrt waren. Da hatte ich als Kind doch große Angst, in meiner Vorstellung saßen alle Mörder der Welt vor mir und ich stand mit recht wackeligen Knieen auf der Bühne. Ich war so froh, als wir eingesammelt wurden und wieder nach Hause fuhren.

Schlimm war nur, dass Mama nicht da war... Sie musste zweimal lange in Heilstätten, einmal in Melsungen, einmal in Plön und beide Mal kam Tante Sina solange zu uns.

Ich weiß nicht mehr, ob es während Mamas erstem oder zweiten Sanatoriumsaufenthalt war, und was genau mich angetrieben hat. Wenn wir morgens Milch holen gingen, kamen wir auf dem Weg zu Bauer Leugering bei Familie H. vorbei. Von den Nahrungsmittelablagerungen auf Frau H.s Schürze hätte man jederzeit eine reichhaltige Suppe kochen können. Daneben wohnte Familie B., ähnlich sauber und ordentlich. Zu allem Überfluss hatten sie aber auch noch einen stinkenden Ziegenbock im Stall. Daher sollte ich mit den deren Kindern eigentlich nicht spielen, was ich aber genau aus dem Grunde umso lieber tat. Außerdem gab es bei ihnen so leckeren Kakao. Zu Hause saßen Papa und Tante Sina und tranken gemeinsam. Ob es der Hunger war, die Aussicht auf den leckeren Kakao oder meine Sehnsucht nach einer Mutterfigur? Ich wollte jedenfalls ganz groß bei Frau B. rauskommen. Andere Nachbarn hatten ein Traum von einem Dahlienbeet. Bei ihnen rührte sich nichts, niemand schien zu Hause zu sein, also habe ich in aller Ruhe und in froher Erwartung eines leckeren Kakaos einen Blumenstrauß gepflückt, mit dem ich voller Stolz zu Frau B. gelaufen bin. Ich bekam nicht nur den ersehnten Kakao, bei denen war es überhaupt so toll, da durften wir mit Schuhen auf den Betten Trampolin springen! Das hat man auch nicht überall. Ich hatte noch gar nicht angefangen, den Kakao richtig zu genießen, da stand Elisabeth in der Haustür: „Minchen, du sollst sofort nach Hause kommen, der Papa ist sauer!“ Ich hatte ein doppeltes Vergehen begangen: Blumen gestohlen, wobei mich natürlich irgendjemand beobachtet hatte, und zu Frau B. gegangen, was uns eigentlich verboten war. Es gab bei uns zu Hause außer mal einer Ohrfeige im Affekt keine Prügel. Aber nun war Tante Sina da und war der Meinung, so schreckliche Untaten könnten gar nicht anders gebüßt werden als mit Schlägen. Mein Vater hat mir das groß angekündigt, weit ausgeholt und dann eigentlich nur so getan, als ob er zuschlägt. Er war einfach ein friedlicher Mensch. Lustig war das trotzdem nicht.

Auch in Tante Sinas Anwesenheit galt die Regel, dass wir bei Tisch nur zu sprechen hatten, wenn wir angesprochen wurden, aber es war irgendwie gedrückter, strenger. Annchen hatte eine Art, aus dem Stand loslachen, wenn sie etwas komisch fand, die so ansteckend war, dass man gar nicht anders konnte, als mitzulachen. Selbst Mama und Papa zuckten schon mal die Mundwinkel. Aber nun war Tante Sina da…

„Hört auf, es ist jetzt gut!“, ermahnte Vater uns. Aber

wir konnten gar nicht aufhören zu kichern. Tante Sina guckte schon mehr als böse. Annchen wusste sich nicht anders zu helfen, sie lief in die Waschküche, Elisabeth vor das Haus und ich in den Hof. Erst da konnten wir uns wieder beruhigen.

Papa und Tante Sina haben wunderbare Stunden beim Alkohol zugebracht. Das musste auch Mama feststellen, die einmal Heimaturlaub von der Kur machen durfte, und war ausgesprochen beunruhigt. Außerdem hat sie gesehen, wie sehr wir uns an ihre Rockzipfel geklammert haben, dass wir sie gar nicht wieder gehen lassen wollten und es uns wirklich nicht gut ging. Der Gipfel war aber, dass Tante Sina der Meinung war, die anstehende Silberhochzeit müsse nicht groß gefeiert werden. Dabei waren das traditionell die größten Familienfeiern und Mama liebte riesige Feste. Sie hatte schon seit geraumer Zeit Geld dafür zur Seite gelegt. Nun drängelte sich Tante Sina dazwischen. Hermann und Willi bekamen mit, worum es ging, es wurde sehr sehr laut. Also hat Mama kurzerhand ihren zweiten Aufenthalt in der Heilstätte verkürzt und ist eher als geplant zurückgekommen. Als sie erneut vor der Tür stand, hat Tante Sina sich wohl erdreistet, sie abzuweisen. Sie hätte hier nichts mehr zu suchen. Da hat Hermann den Handtuchhalter von der Wand gerissen und sie davongejagt. Ich weiß nicht, ob mein Vater tatsächlich ein Verhältnis mit ihr angefangen hatte oder ob sie sich das nur gewünscht hat. Ich war ein kleines Kind und habe das nicht so genau verfolgt. Fest steht, dass die beiden sich im Suff hervorragend verstanden haben, während meine Mutter außer auf dem Schützenfest nie trank.

Jedenfalls war Mama wieder da, es wurde so groß, wie sie es sich gewünscht hatte, 1954 Silberhochzeit gefeiert und im Prinzip hätte nun der normale Alltag wieder anfangen können. Erstmal herrschte aber eine Woche Ausnahmezustand in meinem Elternhaus. Hermann war Schützenkönig geworden! Ausgiebig mitgefeiert wurde ja bei jedem Schützenfest. Auch wir Kinder fanden das toll; wenn die Erwachsenen zum Schießstand in den Bagno zogen, liefen wir mit und freuten uns schon darauf, dass wir stundenlag im Wald spielen konnten. Wenn irgendwann Jubel aufbrandete, jubelten wir nicht mit. Wir wussten, nun ist das Spielen bald zu Ende, der neue König ist gefunden. Als es aber hieß, unser Hermann sei der neue Schützenkönig, haben wir uns natürlich mitgefreut, das war schon etwas ganz Besonderes. Auch das Schützenfest unterschied sich von denen in anderen Jahren, weil alles bei uns stattfand. Der Schützenfestthron wurde bei uns aufgebaut, es wurde gekränzt und alles mit Fähnchen geschmückt, der ganze *Friedhof* hing voller Fähnchen. Alle ehemaligen Schützenkönige trafen sich zu einem Festzug durch die geschmückten Gassen. Zum Ball wurde der Schützenkönig mit Musik bei uns abgeholt. Es war ein viele Tage währendes, fröhliches Fest - zumindest solange nicht zu viel getruken wurde, dann wurde es schon mal weniger fröhlich. Ich selber war auch traurig: Mutter hatte mir mehrfach erzählt, dass der Frühschoppen am Montagmorgen ihrer Meinung nach das Schönste am Schützenfest sei. Ich solle doch die Lehrerin fragen, ob ich ein paar Stunden eher gehen dürfe. Die Lehrerin fand aber nicht, dass ein Schützenfest ein ausreichender Grund war, in der Schule zu fehlen, nicht einmal, wenn der große Bruder Schützenkönig war. Ich habe bitterlich geweint.

Nur wenig später kam jemand aus der Stadt gelaufen und überbrachte uns atemlos die Nachricht: „Ju Gerhard ist ganz schlimm verbrannt, jetzt brängt se em no Mönster." Es passierte nur in wirklich schweren Fällen, dass jemand nicht in Burgsteinfurt behandelt, sondern nach Münster gebracht wurde. Gerhard hatte sich schon vorher über seinen Lehrherrn beklagt, der ihn schlecht behandelte. Er war sogar einmal weggelaufen, weil er sich dort so unwohl fühlte, aber da waren meine Eltern hart: „Lehrjahre sind keine Herrenjahre!" Vielleicht spielt aber selbst da die TBC eine Rolle, Vater war weggewesen, Mutter ebenfalls. Genug andere Sorgen hatten sie in dieser Zeit auch, wie ich später mitbekommen sollte. Es hatten sich jedenfalls schon Metzger bei der Handwerkskammer beklagt, weil sie im Schlachthof beobachtet hatten, wie elendig Gerhard von seinem Lehrherrn behandelt wurde. Der musste ganze Rinderhälften alleine tragen und wurde getreten und geschlagen. Sie sind auch zu meinen Eltern gekommen mit diesen Beobachtungen. Ich verstehe bis heute nicht, warum sie da nicht eingeschritten sind. Zu Gerhards Aufgaben gehörte das Anheizen der Wurstküche, er musste also morgens lange vor den anderen da sein, damit der Kessel kochte, wenn die Arbeit begann. An jenem Morgen hatte Gerhard wie jeden Morgen Feuer machen wollen und da war ihm alles um die Ohren geflogen Der Lehrherr hatte wohl am Vorabend den Gashahn geöffnet, so dass die ganze Nacht über Gas in den Raum geströmt war. Bei der Durchzündung ist Gerhard stark verbrannt. Er hatte insofern Glück, dass er schon seinen Metzgerkittel aus dicker Baumwolle trug, der den Körper geschützt hat, aber über den ganzen Kopf hatte er Verbrennungen zweiten und dritten Grades erlitten. Ich habe ihn nie besucht, solange er noch in Münster war. Aber selbst, nachdem er wieder nach Burgsteinfurt zurückverlegt worden war, trug er noch einen vollständigen Kopfverband, in den lediglich ein kleiner Schlitz für einen Strohhalm geschnitten worden war. Mutter organisierte über ihre Kunden Rotwein, in den sie ein Ei schlug. Das war damals so üblich, auch wenn man eine Wöchnerin besuchte, nahm man Rotwein und ein frisches Ei mit. Das galt als der beste Stärkungscocktail überhaupt. Das mussten wir ihm bringen, den Strohhalm durch den Schlitz stecken, damit er trinken konnte. Und wir unreife Gören waren noch so halbneidisch auf unseren Bruder, Strohhalm, das war ja was!

Ob das Öffnen des Gashahns Absicht oder Nachlässigkeit vom Lehrherrn war, kann ich nicht mit letzter Sicherheit sagen. Er ist auf jeden Fall verurteilt und aus der Innung geworfen worden. Auch die Ausbildungserlaubnis hat man ihm entzogen. Ich glaube fest, dass er den Gashahn mit Absicht geöffnet hat, da waren so viele Bösartigkeiten vorweg gegangen.

Wenn ich mich recht erinnere, lag Gerhard noch im Krankenhaus, als mich Gisela Beckmann auf dem Schulweg von der Seite anquatschte. Ich war gerade damit beschäftigt, mir die Schürze wieder anzuziehen. Wir trugen ja grundsätzlich Schürzen, wenn wir das Haus verließen, und ich hasste sie. Kaum waren wir ein Stück von zu Hause entfernt, nahm ich die Schürze, wickelte sie zusammen, ab in den Tornister. Auf dem Nachhauseweg zog ich sie wieder raus, versuchte, sie notdürftig zu glätten und tat sie wieder um. Ich war gerade damit beschäftigt, und hoffte, dass Mama die vielen Knitterfalten in der Schürze nicht sofort sehen und schimpfen würde (was leider der Normalfall war), als Gisela Beckmann trompetete: „Minchen, weißt du eigentlich, dass euer Willi mit Frau D. ein Kind hat?“ Wir hatten irgendwas läuten hören, Halbsätze, bevor wir aus dem Zimmer geschickt wurden, aber Genaueres wussten wir nicht. Mama bügelte gerade einen schwarzen engen Rock, als ich in die Nähstube kam. „Mama, weißt du, was die Gisela Beckmann mich gerade gefragt hat? Ob

es stimmt, dass unser Willi mit Frau D. ein Kind hat." Mutter holte aus, haute mir eine an die Ohren und der Rock war verbrannt, großes Drama. Dabei war gar nicht Willi der uneheliche Vater, es war Hermann. Durch die Vertuscherei verdrehte sich alles. Elisabeth und ich hingen immer so im Leeren in vielen Dingen und das verunsicherte uns ungemein, meine Schwester noch mehr als mich.
Hermann, der während seiner Ausbildung zum Zimmermann und in den ersten Jahren als Geselle noch zu Hause gewohnt hatte, zog in den Schwarzwald, angeblich um dort die Meisterprüfung zu machen. Er wollte aber wohl hauptsächlich dieser Situation entfliehen. Prozesse, erbbiologische Gutachten, genauer weiß ich es nicht, weil das Minchen immer aus dem Zimmer geschickt wurde, wenn das Thema zur Sprache kam. Mitbekommen habe ich aber, dass meine Eltern dabei viel Geld gelassen haben, Löcher aufgerissen wurden, die sie stopfen mussten, was zu den Sorgen um Gerhard noch hinzukam.

Eigentlich hätte ich das bravste Kind sein müssen, um meinen Eltern nicht noch mehr Kummer zu machen, und in meinen Augen war ich das auch mehr oder weniger, aber es hat nicht immer so gut geklappt.

Da war nicht nur mein ungeheurer Bewegungsdrang. Ich erinnere mich an eine Geschichte...
Rechts und links der Eingangstür zum Schulgebäude waren Podeste, auf die Fundstücke gehängt wurden. Man wusste also, wo man nachgucken konnte, wenn einer der Handschuhe oder die Mütze verlorengegangen war. Einmal hing dort ein Ring, so ein Blechring aus dem Kaugummiautomaten. Ich kann nicht mehr genau sagen, was ich mir dabei gedacht habe, ob ich den so unbedingt haben wollte oder ob ich dachte, dass keine meiner Mitschülerinnen sich die Mühe machen würden, nach einem so einfachen Teil zu suchen - auf jeden Fall habe ich ihn mitgenommen. Gisela Beckmann hat das gesehen und mich verpetzt. Nachmittags ging bei uns die Haustür auf, unsere Lehrerin Fräulein Wegener kam rein, marschierte durch bis in die Nähstube: „Guten Tag, Frau Becker, ich habe ein ernstes Gespräch mit Ihnen zu führen, Wilhelmine hat einen Ring gestohlen." Das hörte sich an, als hätte ich einen Juwelierladen ausgeraubt. Das hatte natürlich keine guten Folgen.
Mamas beliebteste Strafe für mich war: „So, jetzt setzt du dich dahin und strickst zehn Nadeln." Weder konnte ich gut stillsitzen noch halbwegs gut stricken.

Außerdem war ich in diesen Situationen meist so wütend oder echauffiert, weil ich mich ungerecht behandelt fühlte, dass ich klatschnasse Hände hatte. Die Nadeln quietschten nur so, was das Stricken nicht gerade begünstigte. Ich knüppelte voller Wut irgendwas zurecht, mit meinen Topflappen konnte wirklich niemand etwas anfangen. Das war Höchststrafe: „Strick mal zehn Nadeln!"

Obwohl zu Hause also längst nicht alles Gold war, die Stimmung wegen der Probleme meiner Brüder oft angespannt, hatte ich schnell Heimweh - jedenfalls wenn ich alleine irgendwo war. Wir gingen ja auch schon mal mit Mama ganze Tage z.B. zu Tante Stine, wenn sie dort nähte. Aber dann hatte ich meine oberliebe Tante da, die Kinder meiner Cousine zum Spielen, Elisabeth war dabei. Aber wenn ich alleine irgendwo war? Ich sollte als Kind einmal Urlaub bei meiner Patentante Lisbeth in Sellen machen. Ihr Haus hatte einen Erker, von dem man auf die Bundesstraße sah. Ich saß dort, stundenlang, beobachtete die vielen Menschen, die damals ja noch hauptsächlich mit dem Rad zur Stadt fuhren, und dachte: Der nächste, der vorbeikommt, der könnte mich doch auf dem Gepäckträger mit nach Hause nehmen.

Unerträglich wurde das Heimweh im Dunklen, wenn ich im Bett lag. Tante Lisbeth kam eines Abends rein, weil sie mich weinen hörte, und als ich ihr gestand, dass ich furchtbares Heimweh hatte, versprach sie, mich am nächsten Morgen nach Hause zu bringen. Sellen war mir nicht fremd, ich kannte mich aus, kannte die Menschen. Aber es war eben nicht zu Hause!
Dabei war es zu Hause doch gar nicht immer schön! Mama musste viel arbeiten, das verstand ich schon. Und dann gab es so viel Streit, manchmal weinte sie deswegen. Immer war es der Alkohol. Die Jungs kamen betrunken nach Hause, mein Vater konnte Willi dann nicht ausstehen, wohl auch, weil sie sich zu ähnlich waren im Geiste. Im Suff gab es Explosionen in einer Form, dass uns angst und bange wurde. Wenn Elisabeth und ich mal wieder im Hof saßen, uns aneinanderklammerten und hofften, dass nichts Schlimmes geschehen möge, merkten wir, dass es fast aus jedem Haus in der Zeit so klang. Manchmal wachte ich nachts auf und fragte mich: „Wer schreit denn da so?“ Papa hat uns Mädchen nie geschlagen, aber mit unseren Jungs gab es eine Toberei, die uns unglaublich belastete. Das zog sich auch in die nächsten Tage, wenn alle Beteiligten wieder nüchtern wa-

ren. Sie sprachen nicht mehr miteinander, man konnte die Luft schneiden. Und darin lässt sich nicht gut leben, das ist sehr belastend. Mama war schon so alt, als ich geboren wurde, sie hatte einfach nicht mehr die Kraft, einzugreifen, sie hatte ja schon zwanzig Jahre damit zugebracht, erfolglos zu intervenieren und hatte wohl einfach resigniert. Hinzu kam ihr Glaube: Der liebe Gott würde das schon richten. Ich begann, jedes Fest, auch jedes Familienfest, zu fürchten, weil ich das Unheil heraufziehen sah, das natürlich nicht jedes Mal, aber eben doch viel zu oft auch wirklich eintrat.

Ich seh´ mich noch vor einem Sauerkrautgericht sitzen. Damals gab es vom Selbstgeschlachteten noch das Schwänzchen, das fleischige Stück des Schwänzchens, das ich sehr gerne mochte. Grausam fand ich hingegen die Schwarte. Allein die Vorstellung, dass es die Schwarte war, fand ich schon ekelig, und dann war sie auch noch oft nicht sauber rasiert und kratzte im Mund, also da hätte ich vor Ekel bis nach Amerika rennen können, um dem zu entgehen. Aber das Schwänzchen mochte ich eigentlich sehr. Nun saß ich davor, der Ekel kroch in mir hoch und mir sank der Mut. Ich ahnte, dass ich wieder betroffen war. So hatte es beim letzten Mal auch angefangen. Ich habe aber erstmal nichts gesagt. Mutter merkte, dass ich immer weniger und weniger aß und drängelte: „Nu eat doch wat, eat doch watt.“

Schon im ersten Halbjahr des Schuljahres 1956/57 habe ich 54 Tage gefehlt. „Minchen wird die Lücken, die durch ihre Krankheit unvermeidlich entstehen werden, durch großen Fleiß aufholen müssen“, stand auf meinem Zeugnis. Im zweiten Halbjahr habe ich 58 Tage gefehlt. „Minchen wird versetzt in der Hoffnung, dass sie das Versäumte nachholen wird.“ Offensichtlich hat man mich nicht für ganz dumm gehalten, dass man mir das zugetraut hat. Mir machte die Schule zu dem Zeitpunkt aber überhaupt keinen Spaß mehr. Durch das ständige Fehlen hatte ich große Lücken, kam nicht richtig mit, Freundschaften lockerten sich, ich wurde auch - mal wieder - ein bisschen gemieden. Da bin ich nicht mehr gerne zur Schule gegangen.

In den Sommerferien 1957 stand der nächste Termin bei Dr. Murowka in Münster an, dem Lungenfacharzt, zu dem wir, wie auch zum Gesundheitsamt, regelmäßig mussten. Ich wusste eigentlich schon vorher, was passieren würde, dass er mich wieder wegschicken würde. Trotzdem war es ein Schock, ich wurde aus meinem Freundschaftskreis gerissen, aus der Nachbarschaft, der Klasse, vor allem aber aus der vertrauten Umgebung.

Anfang August wurde ich in das Sanatorium Dr. Seitz, eine Lungenheilanstalt in Waldhausen hinter Stuttgart geschickt. Ich weiß bis heute nicht, was der Schwachsinn sollte, mich 750 Kilometer von zu Hause entfernt unterzubringen. Die Heilstätte war eigentlich in Ordnung, nicht so groß und überfüllt, wie wir es schon kennengelernt hatten, und das Personal war milde. Unsere Station war in Märchenzimmer eingeteilt, Rotkäppchen, der Wolf und die sieben Geißlein; ein Maler hatte die entsprechenden Bilder an die Wand gemalt. Da wir viel Zeit im Bett verbrachten, war es wunderbar, nicht an eine weiße Wand starren zu müssen. Auf der Station gab es eine Putzfrau, die auch dort in einem Zimmer lebte. Der Rest des Personals wechselte ständig, aber sie war immer da. Waldhausen war bis auf die Stecherei soeben erträglich. Der Tagesablauf sah Liegehalle, Mittagessen, Liegehalle, Bett vor. Für jemandem mit einem solchen Bewegungsdrang wie mich war das natürlich eine Qual und oft habe ich mich nach dem Apfelbaum in unserem Garten gesehnt und gedacht, wenn ich nur unter unserem Apfelbaum liegen könnte, in unserem Garten, dann würde ich es leichter aushalten können, das viele Liegen vielleicht sogar ertragen. Es half, dass wir nach dem Liegen am Nachmittag ein bisschen spielen durften oder mal mit den Schwestern in den Wald gingen und Pilze und Beeren sammelten. Dr. Seitz war ein liebevoller älterer Herr, bis auf das Stechen war es also gar nicht so schlimm, aber mein Heimweh war unendlich. Und während der vielen Liegekuren hatte es auch genug Zeit, in mir zu toben und zu toben. Die Liegekuren an sich waren schon eine Tortur, kleine Kinder sind einfach nicht dafür gemacht, stundenlang zu liegen. Und wenn dann noch das Heimweh in einem wütete... In der Liegehalle standen die Liegestühle in zwei großen Halbkreisen und an der Spitze saß eine Schwester, die kontrollierte, dass wir auch schön brav still lagen. Manchmal haben wir es geschafft, zwischen den Liegestühlen „Mau Mau" zu spielen, heimlich Fadenspiele zu machen oder uns mit dem Fingeralphabet Nachrichten zu schreiben. Oft lag ich nur da und sehnte mich mit all meinen Sinnen nach Hause.

Zwei Tage vor Weihnachten wurde ich entlassen. Meine Eltern holten mich ab, zu zweit, wir hatten ja

Freifahrtscheine bei der Bahn. Zu meiner großen Freude hatten sie geplant, eine Freundin meiner Mutter in Nürnberg zu besuchen und dort zu übernachten, bevor wir weiterfuhren. Im Zug bemerkte ich eine schmerzhafte Stelle unterm Fuß. Meine Mutter klebte ein Pflaster drauf. Ich kam immerhin gerade aus der TBC-Heilstätte, was sollte eine kleine Macke unterm Fuß groß stören? Aber als sie mir abends in Nürnberg das Pflaster abzog, riss eine riesige eitrige Blase mit auf. Ich habe geschrien vor Schmerzen. Der Fuß faulte vor sich hin, wenn jemand drankam oder ich irgendwo anstieß, tat das unvorstellbar weh, also habe ich die Heimfahrt und Weihnachten mit meinem Fuß in einem Schuhkarton verbracht. Und natürlich war über Weihnachten auch kein Arzt erreichbar oder meine Eltern fanden es nicht nötig, den Notdienst in Anspruch zu nehmen. Ich lag jedenfalls hochfiebrig in der Nähstube, wo der Fuß im Schuhkarton in Ruhe vor sich hin faulte. Ich vermute, dass das eine Nebenwirkung von Neoteben war, einem Medikament, das ich in Waldhausen bekommen hatte. Es war gerade erst auf den Markt gekommen und wurde oft noch in viel zu hohen Dosen verabreicht. Nach den Feiertagen kam irgendwann ein Arzt, der aber auch nicht viel ausrichten konnte. Zur Heilung beigetragen hat, zumindest in meiner Erinnerung, eher Onkel Dreihuus, ein Bauer, der sich viel mit Heilkunde aus der Natur beschäftige und mit Mittelchen und Wässerchen ankam und hantierte. Immerhin lag ich in der Nähstube, in der immer etwas los war, immerhin hatte ich Elisabeth, die mich liebevollst betreute. Aber schon wieder Liegen!

Dadurch, dass ich permanent in der Nähstube lag, bekam ich noch mehr von Mutters Arbeit mit. Oft kamen in dieser Zeit Bäuerinnen mit alten Mänteln oder Uniformjacken. Wir Kinder trennten die auf, der Geruch nach Mottenpulver begleitete uns noch ein paar Tage. Anschließend wurden die Stoffteile gewendet und in einen „schicken" Trägerrock verwandelt. Kombiniert mit einer weißen Bluse war der nächste Sonntagsstaat für die Dame vom Land fertig. Diese Kundinnen zahlten nahezu immer in Naturalien, die wir Kinder einsammelten, wenn wir die fertigen Teile in die Bauernschaften brachten. Das Ausliefern blieb mir mit meinem Fuß erspart, dabei kam es meinem Bewegungsdrang im Gegensatz zum Auftrennen der alten Kleidungsstücke viel eher entgegen. Das Einsammeln der Naturalien war aber auch nicht immer angenehm. Einmal hatte Tante

Dina in Hollich mir den größten Schock versetzt, als sie ein Huhn vor meinen Augen schlachtete. Das fing noch einmal an zu flattern, als der Kopf schon ab war, und rannte kopflos über den Hof. Gruselig! Ich hatte mir für diesen Botengang ein Fahrrad geliehen und hatte den ganzen Rückweg lang Angst, das Huhn würde mir vom Gepäckträger springen.

Kaum war mein Fuß wiederhergestellt, stand der nächste Termin bei Dr. Murowka an. Diesen Moment werde ich nie vergessen: Ich sitze nach der Untersuchung noch in der Kabine und höre plötzlich, wie Mama bitterlich anfängt zu weinen. Da wusste ich: Ich war wieder fällig. Diesmal war der andere Lungenflügel dran.

Ich konnte gar nicht aufhören zu weinen auf dem Weg nach Hause. Das war einfach eine Nummer zu hart. Das zu erwartende Heimweh zerfleischte mich schon. Elisabeth und Mama weinten auch. Mama hatte mir zum Trost am Bahnhof eine Banane gekauft, eine ganz große Besonderheit, die ich aber schon nicht mehr essen konnte. Weil ich meine Sachen packen und Mutter alle Wäschestücke kennzeichnen musste, aus vielem war ich schon wieder rausgewachsen, hatte ich noch eine Gnadenfrist von

zwei oder drei Tagen, bevor ich in einer Heilstätte in Ebenhausen, wieder im tiefsten Süden Deutschlands, antreten musste.
Annchen und Papa begleiteten mich auf dem Weg nach Süden, Freifahrtscheine machten es möglich, und wir legten einen Zwischenstopp bei Hermann im Schwarzwald ein. Annchen und ich schliefen in einem Bett, das heißt wir sollten schlafen, haben aber nur geheult. Am nächsten Morgen blieb Annchen bei Hermann; Papa brachte mich nach Ebenhausen. Ich weinte ununterbrochen, das kann für Papa auch nicht leicht gewesen sein. Hätte ich geahnt, dass ich in die Hölle meines Lebens fuhr...

Kaum angekommen wurde ich von meinem Papa weggerissen, alles wurde mir ausgezogen, ich wurde in einen weißen Bademantel gesteckt und in einer riesigen Anstalt irgendwo in ein Zimmer mit strahlend weißen Wänden gesteckt. Weiße Bettwäsche, weiße Wände, weißer Bademantel. Nirgendwo ein bisschen Farbe und keine Menschenseele. Voller Panik habe ich die Tür aufgerissen, in der Hoffnung, meinen Vater noch anzutreffen und ihn zu überzeugen, mich wieder mitzunehmen. „Papa, Papa!" Ich rannte ihm schreiend hinterher, habe ihn auch noch erwischt und wurde ein zweites Mal von ihm weggerissen. Und dann war Papa weg. „Nie wieder, nie wieder bringe ich unser Minchen in eine Heilstätte!“, soll er zu Hause als erstes geschworen haben. Aber nun war ich da. Ich und meine Puppe Heidi, die diese Zeit mit mir überlebt hat.

Ich hatte ein „ein Pfund Pflaumen“-großes Loch im rechten Lungenflügel - wie groß auch immer ein Pfund Pflaumen war, das war schon ein bisschen was. Man hatte also festgestellt, dass ich schwerkrank war und eigentlich einen Pneu benötigte. Aber meine Eltern haben darauf bestanden, dass man es erstmal mit Alternativen versuchen sollte, das bedeutete vierzig (!) Infusionen, jeden zweiten Tag eine. Mama und Willi hatten das Anlegen eines Pneus am eigenen Leibe erfahren, das wollten sie mir ersparen. Ich weiß nicht, ob es die richtige Entscheidung war, das kann ich nicht beurteilen. Ich weiß nur, dass ich die Infusionen so furchtbar schlecht vertrug, die verursachten bei mir immer Erbrechen. Einen Tag haute man mir die Nadel in den einen Arm, zwei Tage später in den anderen Arm. Dann musste ich vier Stunden liegen. Ich habe so manches Mal gedacht, das schafft du nicht mehr, das schaffst du nicht mehr, dir kommt der Unterarm entgegen. Die Brechschale auf der einen Seite, auf der anderen Seite das Gluck, Gluck Gluck der Infusion... Ich hatte so eine Angst davor, dass ich ab drei Uhr morgens nicht mehr schlief. In Ebenhausen habe ich auch gelernt, dass in Lungenheilstätten häufig nur diejenigen arbeiteten, die nirgendwo anders genommen wurden, weil TBC so gefürchtet war, da wollte niemand gerne hin. Das war Personal, das in der Nazizeit in irgendwelchen Heimen gearbeitet hatte und belastet oder einfach unfähig war. Meine Stationsschwester war Alkoholikerin - und bei Weitem nicht die einzige auf der Station. So eine betrunkene Pflegekraft, die bekommt das nicht so leicht und schmerzfrei hin mit dem Anlegen der Infusion...

Der Tag fing so an: Wenn ich Glück hatte, brachte mir die betrunkene Schwester das Frühstück rechtzeitig. Rechtzeitig hieß: Ich hatte genug Zeit, es vor dem Anlegen der Infusion ins Klo zu werfen. Ich wurde von dem extrem arroganten Oberarzt C. und Dr. Würkert behandelt, das war der einzige Mensch in der Heilstätte. Denen habe ich immer wieder erklärt, ich könne nicht essen, wenn ich eine Infusion bekäme, ich müsste jedes Mal erbrechen. Nein, Frühstücken musste sein. Also habe ich das Brötchen genommen und ins Klo geworfen. Dort quoll es auf, ich habe anfangs jeden Tag schwere Kämpfe mit meinem Brötchen gekämpft, bis ich den Trick raushatte. Ich war die Einzige, die so schwer krank war und fest auf der Station lag. Ich habe da weit über sechs Wochen alleine gelegen, ohne Bild, ohne Buch, ohne alles und musste gegen mein Brötchen kämpfen, das ich nicht essen konnte.

Ich war zu dem Zeitpunkt keine große Leserin, obwohl es zu Hause immer Bücher gab. Elisabeth hatte sogar einen eigenen Kinderroman namens Jon Pott angefangen, den sie in klitzekleiner Schrift in eine Kladde schrieb. Sie, Mutter und Annchen holten sich Bücher aus der Bücherei, wobei insbesondere Mutter höchstens beim Zubettgehen ein wenig Zeit zum Lesen fand. Ich hatte zu Hause immer zu viel zu tun gehabt, um zu Lesen, aber hier sehnte ich mich nach einem Buch!

Einmal passierte folgendes: Ich lag wieder da, ohne etwas zu lesen, ohne jede Ablenkung, aber mit Heidi neben mir. Plötzlich sah ich, dass mein Arm immer dicker und dicker wurde. Ich habe angefangen zu schreien. Und zu schreien. Irgendwann hat mich jemand gehört, ich glaube, es war eine Putzfrau, und die Schwestern alarmiert. Schwester Elsbeth riss mir die Nadel raus, riss das Bett rum, haute mir die Na-

del in den anderen Arm und rauschte wieder ab. Keine Erklärung, kein Mitgefühl. Und ich habe nichts gesagt. Ich hatte Angst.
Einmal war ich nachts barfuß aufs Klo gelaufen. „Zehnmal habe ich dir mindestens gesagt, du sollst Schuhe anziehen“, keifte die Nachtschwester. „Du gehst jetzt ins Bad!“ Das Bad war ein kahler gefliester Raum, Waschbecken zogen sich über einem kleinen Podest eine Wand entlang, in der Mitte des Raumes war ein Abfluss. Dort durfte ich als Schwerkranke die ganze Nacht auf kalten Fliesen verbringen. Nein, nicht die ganze Nacht, es war ja schon zwei Uhr morgens gewesen, als ich ohne Schuhe auf Klo gegangen war. Ich durfte also den Rest der Nacht auf kalten Fliesen zubringen. Man bestand nur aus Angst und bekam vom Pflegepersonal ununterbrochen gespiegelt, dass man wert- und nutzlos und eine große Plage war.

Die Stationsschwester lag betrunken darnieder. Ich hatte Heimweh ohne Ende. An jedem ersten Sonntag im Monat von 15 bis 17 Uhr war Besuchszeit. Ich saß an jedem dieser Sonntage schon früh am Fenster und habe nach unten auf den Weg gestarrt, das Sanatorium lag auf einem Hang. Die Anlage war von einer Mauer mit drei Stacheldrähten umgeben, weil da schon so oft Kinder ausgebüxt waren. In diesem Bollwerk war eine klitzekleine Pforte, durch die die Besucher hochkamen. Wie lange ich da gesessen habe...

Jedes Mal, wenn die Tür sich bewegte, flackerte neue Hoffnung in mir auf. Aber immer waren es andere Kinder, die fröhlich zu ihren Eltern liefen. Vielleicht hatten meine nur den Zug verpasst? Vielleicht kamen sie noch? Ich hielt weiterhin die Pforte fest im Blick. Vergeblich. Ich hatte irgendwann das Gefühl, meine Familie weiß nicht mehr, dass ich lebe.

Hinzu kam, dass unsere Post zensiert wurde. Briefe wurden kontrolliert, Briefe die rausgingen und Briefe, die ankamen. Und da ich mich so oft über die Schwestern beklagte, schickten sie meine Post nicht weiter und hielten auch die eingehenden Briefe an mich fest. Nie kam jemand mich besuchen, ich erhielt keine Post.

In mir wuchsen böse Gedanken: Wo bleibe ich denn, wenn ich hier je wieder wegkomme? Wo gehe ich denn hin? Hatte ich das mit der Familie nur geträumt? Gab es diese große Familie, in der ich mich so wohlfühlte und in der immer etwas los war, gar nicht? Oder wollte sie mich nicht mehr? Wenn ich nicht meine Elisabeth gehabt hätte, die mir fast täglich schrieb, so dass ihre Briefe manchmal durchschlüpften! Irgendwann hat auch mein Vater sein Eisenbahnertelefon zweckentfremdet und sich nach mir erkundigt - wie es denn sein könnte, dass sie nie von mir hörten? Dabei habe ich geschrieben und geschrieben.

Es war schon kurz vor Ostern, als die Pforte einmal zwei Menschen ausspuckte, die ich kannte: Hermann und Anni! Sie kamen aus dem Schwarzwald und brachten mir zwei riesige Osterhasen mit, einen aus Schokolade und einen aus rotem Zucker. Auf der Station galt die Regel, dass alles geteilt wurde. Das fand ich auch richtig, aber ich war doch beleidigt, dass die Hasen von Hermann und Anni direkt unter den Hammer gingen, ich hätte sie so gerne noch länger angeschaut. Anni und Hermann waren nicht Mama und Papa, aber ich war doch froh, dass sie da waren!

Endlich, endlich hatte ich die vierzig Infusionen durchgestanden. Ich weiß nicht wie - immer mit der Angst vorher, den Schmerzen, dem Erbrechen, der unendlichen Langeweile. Selbstverständlich habe ich in dem Zeitraum auch meine Periode gekriegt. Da wir damals noch Tuchbinden benutzten, die in Töpfen eingelegt wurden, bevor sie in die große weiße Wäsche kamen, wusste ich einigermaßen Bescheid, denn ich hatte natürlich zu Hause schon mal nachgefragt, wofür die eigentlich waren. Ich wusste schon, dass ich nicht sterbe, so weit war ich aufgeklärt, aber den Rest haben ältere Mädels auf der Station besorgt, das war auch nicht gerade schön. Ein Mädchen aus Hamburg las immer die Bravo, die wusste also jede Menge mehr, was mich interessierte und mir auch weitergeholfen hat. Sie hat mich dann auch aufgeklärt hat, allerdings nicht umfassend. Vielleicht wusste sie es auch nicht so genau. Wir gaben immer nur weiter, was man hier und da gehört hatte, und das konnte stimmen oder auch nicht. Richtig aufgeklärt worden sind wir nie, von keiner Seite.

Die Hamburgerin hatte ein Abkommen mit der Putzfrau, die ihr verriet, wenn die Stationsschwester wieder im Alkoholrausch darnieder lag. Dann schlichen wir uns in den Stationsflur und hörten Radio. Da sie sich so gut auskannte, bestimmte sie den Sender und es wurde AFN angemacht, American Forces Network, das spielte ihrer Meinung nach die beste Musik. Elvis, das war die Zeit!

Unter dem Gerät lagen die Wochenpläne für die kommende Woche auf dem Tisch. Und was musste ich da eines Tages lesen: Wilhelmine Becker - weitere vierzig Infusionen. Das war für mich unvorstellbar. Wirklich unvorstellbar. Das würde ich nicht aushalten. Ich hatte darauf hingefiebert, dass die Infusionen vorbei waren. Ein zweites Mal war das nicht zu schaffen. Aber ich bekam weitere vierzig Infusionen in dieser Hölle ohne Liebe und Fürsorge - und habe es natürlich irgendwie durchgestanden. Die Tatsache, dass das Pflegepersonal uns ununterbrochen spüren ließ, dass wir nichts wert waren, vergiftete auch die Atmosphäre unter uns Kindern. Wir haben uns dann auch untereinander so behandelt, es gab unendlich Hakerei unter uns, die Atmosphäre war einfach so. Es wurde z.B. behauptet, man hätte irgendeine Lüge in die Welt gesetzt, solche Geschichten, es war einfach nur furchtbar.

Ein Großteil des Heims war mit sogenannten Erholungskindern belegt, also Kindern, die weniger krank waren, nur einen Schatten auf der Lunge hatten, so etwas. Wir Hochansteckenden lagen auf Station vier und bildeten eine kleine Enklave am äußersten Rand des Heims. Eines Tages, eines unendlich späten Tages nach einer unvorstellbar qualvollen Zeit wurde bei einem der Erholungskinder doch eine schwerere

Erkrankung festgestellt und ich wurde dazu auserkoren, mit ihm zu tauschen. Einerseits war ich unendlich froh. Das konnte in meinen Augen nur heißen, dass ich gesundete, doch irgendwann entlassen werden würde. Ich war ja auch schon über ein halbes Jahr da. Andererseits musste ich mich plötzlich mit einer ganzen Bande von Kindern rumschlagen, die mir alle vollkommen fremd waren, die auch nicht gerade gut behandelt worden und nicht besonders nett zueinander waren.

Auch für die Erholungskinder hieß es: Liegen, liegen, liegen. Immerhin hatte ich neue Hoffnung, an der ich mich festhalten konnte, ich würde doch irgendwann die Heilstätte wieder verlassen dürfen. Gleichzeitig fiel mir jedoch auch ein, dass mir dann Ungemach in der Schule drohte. Elisabeth hatte ja bei unserem allerersten Heilstättenaufenthalt länger bleiben müssen, als Annchen und ich. Sie war daher in der Schule ein Jahr zurückgesetzt worden, zu einer ganz besonders „feinfühligen" Lehrerin in die Klasse gekommen, die sie zu den Sitzenbleibern in der letzten Reihe gesteckt hatte. Mama war zu dem Zeitpunkt in der Heilstätte gewesen, Tante Sina kümmerte das keinen Deut und Papa genoss in erster Linie die Trinkgelage mit Tante Sina. Elisabeth heulte sich also bei mir aus: Wie gemein die anderen Kinder zu ihr waren, wie furchtbar sie es dort fand, wie sie am liebsten jeden Morgen zu Hause geblieben wäre. Ich hatte mittlerweile fast ein komplettes Schuljahr verpasst, es konnte überhaupt kein Zweifel daran bestehen, dass ich ebenfalls zurückgesetzt werden würde und der Schmach und den Beleidigungen der anderen Kinder ausgesetzt sein würde. Davor hatte ich dermaßen Angst, die beim ständigen, langweiligen Liegen ins Unermessliche wuchs. Einerseits wollte ich unbedingt nach Hause, drängelte und fragte, wann ich denn nun entlassen würde, ohne je eine Antwort zu bekommen. Andererseits hatte ich furchtbar Angst davor, wie schlimm es in der Schule werden würde.

Eines Tages, mir war davon vorher nichts gesagt worden, stand Papa vor der Tür. Das hatte er sich ausbedungen: „Ich habe sie weggebracht, ich hole sie auch wieder ab!" Ich bin ihm entgegengeflogen und eigentlich genau an dem gleichen Ort, an dem wir uns „verabschiedet" hatten, um den Hals gefallen.

Das war am 24. September. Ich war sieben Monate in dieser Heilstätte gewesen und, wenn man die kurze Pause über Weihnachten abzog, seit 13 Monaten in stationärer Behandlung.

Für mich gibt es seitdem keinen lieben Gott mehr, der hat sich damals klammheimlich von mir verabschiedet.

Meine „normale" Kindheit

Und dann fing mein normales Leben wieder an. Obwohl - was heißt normal? Ich wurde noch gemieden, TBC war einfach eine gefürchtete Krankheit, ein Makel. Es hat lange gedauert, bis ich wieder richtig dazugehörte.

In das Familienleben bin ich nahtlos wieder eingestiegen, aber selbst da haben mich keine fünf Leute gefragt, wie es mir ging oder wie es mir ergangen ist. TBC war so schambehaftet und wurde am besten einfach totgeschwiegen. Natürlich, Elisabeth freute sich, dass ich wieder da war, die anderen Geschwister freuten sich maßvoll. Ich war wieder da, fertig. Es hatte niemand auch nur im Ansatz eine Vorstellung davon, wie ich gelitten habe. Elisabeth war die Einzige, die eine Ahnung hatte, durch die wenigen meiner Klag- und Jammerbriefe, die es durch die Zensur geschafft hatten, den Rest habe ich ihr nach meiner Rückkehr erzählt. Die anderen haben sich dafür nicht interessiert. Auch für meine Mutter galt: „Du bist ja jetzt wieder da, alles ist gut und wenn wir darüber lange reden wollen, wird es auch nicht besser."

Schwamm drüber.

Ich habe aber auch erst mit der Zeit begriffen, dass die Familie noch anderes zu tun gehabt hatte, als sehnsüchtig auf meine Rückkehr zu warten, und andere Sorgen größer waren. Nach Gerhards schlimmer Lehrzeit war sein sehnlichster Wunsch gewesen, Schiffskoch zu werden. Dafür waren damals eine Metzgerausbildung und eine Kochlehre Voraussetzung. Kaum hatte er seine Ausbildung im mondänen Lindenhof in Münster begonnen, erkrankte der Chefkoch schwer. Gerhard musste so hart arbeiten, dass er mit 21 Jahren einen Herzinfarkt erlitt und auf Leben und Tod lag. Auch Elisabeths Konfirmation, bzw. die Feier dazu, fiel ins Wasser, weil die Familie am Krankenbett Wache hielt. Und es fielen noch andere Dinge in dieser Zeit vor, die wir erst nach und nach mitbekamen, weil zu Hause nicht offen darüber geredet wurde. Als Kind hat mich das nicht trösten können, ich bin mir schon sehr verlassen vorgekommen.

Immerhin wusste Mama, wie schlecht Elisabeth nach ihrer Rückkehr aus dem Sanatorium in der Schule behandelt worden war. Sie ist tatsächlich mit mir zur Schule gegangen und hat dem Direktor erklärt, dass sie nicht möchte, dass es mir genauso ergeht.

Ich betrat mit solch einem Knoten im Bauch und Elisabeths Erzählungen von Gemeinheiten im Hinterkopf meine neue Klasse und blieb zögernd neben der letzten Bank stehen, der Bank für Sitzenbleiber und Wiederholer. Zwar saßen wir damals nicht mehr nach Leistung. Aber das Sitzen in der letzten Bank war die häufigste Strafe für Schüler, die keine Hausaufgaben gemacht hatten, permanent den Unterricht störten oder anderweitig negativ auffielen. Und oft speisten sich die Sitzenbleiber genau aus dieser Gruppe, so dass die letzte Bank als „ihre" Bank wahrgenommen wurde. Aber Frau Riemay, gerade frisch von der Uni gekommen, mit ganz anderen Ansätzen als die alten Lehrer, sagte sofort: „Du kommst nach ganz vorne, da habe ich dich besser im Blick!" Ich war an eine der liebsten, sensibelsten Junglehrerinnen geraten, die es überhaupt nur gab! Natürlich haben die Mitschüler erst mal gepiesackt: „Was will die denn hier, wie kommt die in die erste Bank?" Dort saßen die braven Schülerinnen, die sich bewährt hatten, nicht die Wiederholerinnen. Aber das war mir egal. Ich war beinahe eingegangen an Wissensdurst in der Heilstätte ohne Bilder oder Bücher. Ich war so ausgehungert nach Lernen, Wissen, meinen Kopf benutzen, der in der Heilstätte an die

weiße Wand gestarrt hatte. Das brach regelrecht durch, es knallte aus den Nähten bei mir, ich bin förmlich explodiert.
Auf meinem ersten Zeugnis hatte ich nur „Gut“, drei „Sehr gut“ und ein „Befriedigend“ - in dem in meinen Augen unwichtigen Fach Handschrift! Ich war plötzlich eine so gute Schülerin, dass sich andere noch heute dran erinnern. Neulich traf ich eine ehemalige Mitschülerin auf dem Markt, die schaut mich an, schaut noch mal und ruft: „Ach, ihr sind ja Minchen Becker. Ja ja, das was ne Schlaue!“ Eine andere erzählt mir, ihr Mann habe gesagt, er habe immer die gleiche Ermahnung von der Mutter bekommen: „Wenn du was nicht weißt, Hermann, dann geh zu Minchen Becker.“

Meine Eltern haben mich, wie üblich, mit dem Zeugnis nach Sellen geschickt, wo ich es meiner Patentante vorzuzeigen hatte. Selbst für dieses fantastische Zeugnis habe ich von ihr kein Lob, geschweige denn ein Geldgeschenk, was nicht unüblich war, bekommen. Nicht mal einen feuchten Händedruck. „Du kannst wiederkommen, wenn das Befriedigend weg ist!“ Peng. Ich saß praktisch sofort wieder für die Rückfahrt auf Elisabeths Rad, Zeugnis in der Tasche, und war, glaube ich, nicht mal überrascht. Ich hatte gar nicht mehr erwartet. Aber beleidigt war ich schon!

Ich wusste mittlerweile, was ich werden wollte: Architektin. Diesen Berufswunsch hatte Willi in mir geweckt, der nach seiner Maurerlehre eine Ausbildung zum technischen Zeichner absolviert hatte. Er schwärmte immer von der Vielfältigkeit dieses Berufes, der Technik mit künstlerischer Inspiration verband. Damals musste man in der Regel eine Ausbildung als Tischler, Maurer oder Zimmermann vorweg machen, auch das zog mich an. Noch einfacher wurde es natürlich, wenn ich das Abitur machte. Und das schien plötzlich überhaupt kein Problem mehr zu sein. Die Noten hatte ich, locker! Da hatte ich die Rechnung aber ohne das deutsche Schulsystem gemacht. Der Zeitpunkt zum Übertritt auf das Gymnasium war verpasst. Und damit alles vorbei. Da war nichts zu machen, so starr war das damals - gute Noten hin oder her.

Ich war auch nicht allzu traurig, da ich den Unterricht bei Fräulein Riemay so genoss. Es gab kein Fach, das mir nicht Spaß gemacht hätte, Musik mochte ich besonders gerne. Und noch etwas habe ich gelernt: Lehrer und Lehrerinnen mögen gute Schülerinnen.

Und wenn man gemocht wird, findet man die Lehrperson auch gleich viel sympathischer. Das ist so ein Kreislauf. Ich war plötzlich beliebt bei den Lehrern, fand die selber auch meistens nett und dann bringt man bessere Leistung. Die einzige Ausnahme stellte Naturkunde dar, dieses Fach hatten wir erst bei Fräulein Eningk und später bei Fräulein Wegener. Beide hatten in der Nazizeit eine Notausbildung als Junglehrerin bekommen und wurden später auf dem Land geparkt. Sie waren als Kostgängerinnen bei meiner Patentante untergebracht und hörten von ihr all die Geschichten über Willi und Hermann und was im Hause meiner Patentante über unsere Familie sonst noch so erzählt wurde - und gaben es brühwarm an mich weiter. Diese Erzählungen haben dazu beigetragen, dass sie mich überhaupt nicht ernst genommen haben und so habe ich mich ihnen gegenüber echt nicht gut verhalten. Einmal, dafür schäme ich mich heute noch, habe ich Fräulein Eningk angestoßen, als sie sich gerade über das Mikroskop beugte. Sie war Brillenträgerin, dass muss ziemlich weh getan haben, das geht natürlich gar nicht. Daher war Naturkunde auch immer das einzige Fach, in dem ich eine schlechte Note auf dem Zeugnis hatte.Von den beiden abgesehen lobten mich alle Lehrer über

den grünen Klee, Hausaufgaben machten mir auch keine Probleme.
Viele Fächer hatten wir bei Frau B., die ebenfalls durch die Nazizeit geprägt war, was man immer wieder merkte. Sie war aber immerhin eine ausgebildete Pädagogin und konnte den Lehrstoff spannend vermitteln. Ihre entsprechende Prägung äußerte sich mehr in einem Lebensstil, z.B. sprang Frau B.s Mutter mit ihren achtzig Jahren noch jeden Morgen in die Aa. Es war eher die straffe Disziplin, die sie verlangte, als bestimmte Inhalte. Aber manche Fragen wurden auch einfach nicht beantwortet. Sport war ihr total wichtig, daher hat sie sich auch dafür eingesetzt, dass ich im letzten Schuljahr wieder am Schulsport teilnehmen durfte und hat sich riesig gefreut, dass sie mir noch das Frei- und das Fahrtenschwimmerabzeichen abnehmen konnte.

Nicht, dass ich vorher keinen Sport getrieben hätte... Ich war kaum aus der Heilstätte zurück, als meine Straßenfreundin Margret, auch ein Wildfang hoch drei, mich zum Fußballspielen auf die Straße holte. Das machten wir vorzugsweise samstags und vorzugsweise weiter weg von zu Hause, denn samstags musste die Straße gekehrt werden, da war man besser nicht in Rufweite. Ich war während der langen Zeit in der Heilstätte aus meinen Schuhen rausgewachsen und hatte von irgendwoher etwas größere bekommen, ich vermute, dass es die ebenfalls zu klein gewordenen Schuhe einer anderen Patientin waren. Das waren so eine Art Mokassins, die ich ganz schick fand. Sie waren mir noch etwas reichlich, aber man wächst ja rein. Wir verzogen uns also in Richtung des Wehres, hinter dem das Tor zum Schloss stand, und spielten in aller Ruhe Fußball. Ich schieße, der Ball fliegt, mein Schuh hinterher und bei Gerwings durchs Fenster. Margret war schon abgehauen, bevor die letzten Scherben auf dem Boden lagen. Ich war ähnlich schnell, aber es nutzte nichts, Frau Gerwing schrie: „Minchen, ich hab euch wohl erkannt." Oh Gott, und ich musste ja auch den Schuh wiederhaben. Mir blieb nichts weiter übrig, als zu Hause direkt zu beichten: „Mama, ich habe eine Scheibe eingeschmissen." - „Watt häs du? Datt häbt alle fiev Jungs nich feddich kriegen, aber du!" Meine Mutter schimpfte, Frau Gerwing zeterte, dass das Fenster doch nicht einfach unverschlossen bleiben konnte. Ich wurde also zu Onkel Tropberger, einem Glaser, auf der *Citadelle* geschickt, um ihn um Rat und Hilfe zu bitten. Da hatte ich doch schlottrige

Beine. „Onkel Tropberger, ich habe bei Frau Gerwing eine Scheibe eingeschmissen, ob du wohl mal kommen kannst." Zu Hause war die Stimmung auf dem Höhepunkt. „Gut, dass du eine Spardose hast! Sieh zu, wie du das bezahlst", schimpfte Mutter. Sowas sah unser Vater gelassener. Sein Motto war eher: „Da hol doch erstmal einen Korn, die Geschichte ist es doch wirklich wert, dass wir uns einen nehmen." Aber beim Geld blieb er auch hart und das fand ich wirklich gemein. Ich hatte kein Brett vor dem Kopf, ich wusste, dass Vater eine Haftpflichtversicherung hatte. Die wurde nicht in Anspruch genommen. Ich habe die Scheibe tatsächlich aus meiner Spardose bezahlt.

Dank Frau B.s Wunsch nach sportlicher Leistung und ihrer Initiative fand auch in der Schule Bewegung außerhalb des Sportunterrichts statt. Sie hat uns z.B. ins Bagno geschickt, um einen Zentner Bucheckern zu sammeln, sie wollte das Öl haben und kannte jemanden, der noch eine kleine Ölpresse hatte. Sie hat mit uns eine Radtour bis in ein Landschulheim in der Nähe der Vechte in Holland gemacht, das waren 120 Kilometer. Die sind wir auf den meist sehr einfachen Rädern, die wir organisieren konnten, gefahren. Die meisten besaßen noch gar keine eigenen

Fahrräder, die es traditionell zur Konfirmation gab, ich durfte das von Elisabeth benutzen. Das Rücklicht auf der Radtour bildeten Klaus Schulz und Willi Rummeling, die dafür sorgten, dass niemand zurückblieb und Pannen versorgten. Außerdem begleitete uns für Notfälle Frau B.s Freundin, fuhr in ihrem Volvo mit dem runden Fahrgestell voraus und sammelte schon mal die Schwächeren für eine Weile ein. In Holland zelteten wir eine Woche, machten Nachtwanderungen und ähnliche spannende Sachen, das war toll! Wir waren stolz, dass unsere Lehrerin uns das zutraute. Ich habe das sehr genossen. Und natürlich ging es am letzten Tag auch wieder 120 Kilometer zurück. Da interessierte es niemanden, dass ich offiziell vom Sport befreit war.

Nicht nur Frau Riemay, auch Frau B., die später meine Klassenlehrerin wurde und so anders tickte, haben mich als Person wahrgenommen, geschätzt, das hat mir große Stabilität gegeben und sicherlich auch zu meiner Leistung beigetragen. Es gab nur einen einzigen Zwischenfall, der für eine leichte Verstimmung zwischen Frau B. und mir sorgte. Wir mussten im Fach Handarbeiten eine Bluse nähen. Frau B., deren Mutter von meiner Mutter beschneidert wurde, hatte sich vorgenommen, eine einfache Schlupfbluse mit uns zu nähen. Mama sagte: „Datt glöwst du doch wull sölfs nich. De mäck den Stoff nich kaputt, datt is Stoff, de häbt wi betahlt." Ich kam also am nächsten Tag in die Schule und hatte eine vorgeschnittene Hemdbluse, eine vernünftige Bluse. „Die kanns du wirklich noch antrecken!" Es war meiner Mutter schietegol, ob wir Theater in der Schule bekamen - wenn sie ein Projekt für Stoffverquettkerei hielt, machten wir das so nicht mit.

1959 hieß es plötzlich: Papa ist schlimm krank. Ich weiß nicht mehr, ob uns überhaupt gesagt wurde, was er genau hatte, sicherlich hätte uns das auch nicht viel weitergeholfen. Aber sobald man ihn wieder besuchen durfte, sind wir mit dem Rad jeden zweiten Nachmittag in die Uniklinik nach Münster gefahren, über 32 km pro Weg. Beim unserem Antrittsbesuch bin ich das erste Mal in meinem Leben ohnmächtig geworden. Papa hatte Kehlkopfkrebs. Ihm waren die Stimmbänder durchtrennt worden, er verständigte sich mit einer Art Bauchreden, was er über die folgenden Jahre hin perfektionierte. Außerdem hatte er eine Kanüle in den Atemwegen. Wir waren kaum angekommen und hatten sein Bild in uns aufgenommen, als er einen heftigen Hustenanfall bekam. Dieser Anblick, diese Geräusche, und ich konnte mich ja so gut ekeln! Niemand hatte mich außerdem vorher auf das hingewiesen, was mich erwartete. Vielleicht war ich mit meinen dreizehn Jahren und gerade aus der Heilstätte zurück auch zu beschäftigt mit meinen eigenen Dingen. Aber niemand hatte mich gewarnt, dass der erste Eindruck schlimm sein würde. Da stand ich plötzlich vor so einem Berg! Ich weiß nur noch, dass ich nach hinten umgekippt bin. Papa war ab da Frühpensionär und eigentlich immer zu Hause.

Obwohl ich als Kind das Stricken gehasst hatte, lernte ich nach meiner Rückkehr aus der letzten Heilstätte Handarbeiten lieben. Wir saßen beisammen und nähten, stickten, strickten. Für uns selber, für die anderen. Wir schenkten uns gegenseitig die schönsten Durchsätze für ein Kopfkissen zu Weihnachten: „Gott schütze dich" in Kissenform gehäkelt, so was. Gehäkelte Decken, Mutter machte auch Kunststricken, ganze Tischdecken strickte sie aus dünnem Häkelgarn, da strickte man also lange dran. Wenn Mutter darin einen Fehler hatte, hat sie geflucht und im schlimmsten Falle auch schon mal geweint. Das war Arbeit. Und sie strickte ja nicht nur zum Vergnügen, oft hatte sie auch den Auftrag, für eine Aussteuer eine solche Decke zu stricken. Was für diffizile, zeitraubende Handarbeiten wir anfertigen! Elisabeth hat mir einmal aus Nessel ein Gemälde gestickt, eine Rose, die sie später bei einem Goldschmied zu einem Medaillon verarbeiten ließ. Das ist mir so wertvoll, dass ich es in der Sparkasse verwahre. Wir handarbeiteten auch für Mutters Frauenhilfe, das war so etwas ähnliches wie die Tafel heute, nur für Kleidung statt für Lebensmittel. Jeden Montag ging Mutter dorthin und nähte für sie. Außerdem bestückte sie, mit einem sehr bescheidenen Beitrag unsererseits, den Krabbelsack. Der Krabbelsack war dafür da, dass bei der Weihnachtsfeier der Frauenhilfe jeder hineingreifen und sich ein Geschenk rausnehmen durfte, das war immer ganz toll. Das waren so Dinge wie Stricknadelhüllen, Topflappen, Nadelkissen. Diese Feiern waren wunderschön und immer verbunden mit viel Singen. Und natürlich musste auch gebetet werden, ist ja klar. Auch zu Hause saßen wir mittlerweile nahezu allabendlich beisammen, handarbeiteten, eine Kanne Tee stand auf dem Tisch, meist gab es auch ein paar Kekse. Wir redeten, sangen aber auch sehr viel, das war so gemütlich!

Ich war so froh, wieder da zu sein und mich in dieser warmen Geselligkeit aufgehoben zu fühlen. Leider war diese Gemütlichkeit jedoch nur allzu oft bedroht...

Nicht nur Papa trank jeden Tag sein Ötken oder auch zwei. Auch Gerhard, Annchen und Willi hatten Alkoholprobleme. Hermann war der Einzige, der gut trinken und feiern konnte, ohne je dem Alkohol zu verfallen. Bei Gerhard habe ich die Probleme nicht mehr so mitbekommen, da er schon früh nicht mehr zu Hause lebte. Nur einmal sollte er zu Weihnachten, da arbeitete er nach dem Versagen des ersten Lehrherrn schon bei Wacker in Gelsenkichen, wo er seine Ausbildung beenden sollte, aus seinem Betrieb Wurst und den großen Weihnachtsbraten mitbringen. Elisabeth wurde mit dem Rad zur Bahn gejagt, ich einen Zug später nochmal, aber Gerhard kam nicht. Der saß längst irgendwo in Burgsteinfurt in der Kneipe, hatte seine Aktentasche voller Fleisch irgendwo abgestellt und als er, ohnehin viel zu spät für irgendeinen Braten, seinen Weg endlich nach Hause fand, befanden sich in der Tasche nur noch Wackersteine. Da Vater bei diesen Anlässen schon früh am Tag gut einen genommen hatte, denn die Gastwirte ließen es sich natürlich nicht nehmen, mit

ihrer Stammkundschaft auf Weihnachten anzustoßen, stießen da zwei Betrunkene aufeinander.
Willi und Annchen waren Quartalssäufer. Annchen arbeitete in der Gastronomie und war eine ganz ausgezeichnete Köchin, die in der örtlichen Schule für das Schulessen sorgte. Eine richtige Ausbildung absolvierte sie nie, war aber fleißig, zuverlässig und hilfsbereit - außer wenn sie gerade ihre alkoholbedingten Ausfälle hatte.
Willi war ebenfalls ein Quartalssäufer und was Annchen, Willi und Gerhard verband war, dass sie dann unangenehm wurden, anfingen zu piesacken, zu sticheln und zu reizen, bis es irgendwann knallte. Hinzu kam, dass sowohl Papa als auch Willi mit dessen Werdegang höchst unzufrieden waren, wenn auch sicherlich aus unterschiedlichen Gründen. Willi war ausgesprochen intelligent und ein hervorragender Schüler gewesen. So konnte er sogar das Gymnasium besuchen, denn der jeweils Jahrgangsbeste bekam seinerzeit Lehrmittelfreiheit. Burgsteinfurt hatte ein altsprachliches Gymnasium - die total verknöcherte Stadtgesellschaft sah es nicht gerne, dass der Sohn einer einfachen Schneiderin da auftauchte. Aber er setzte sich durch, hatte die Möglichkeit und war auch dort ein guter Schüler - bis die Schule im

letzten Kriegsjahr schloss und damit war Willis schulische Bildung beendet. Niemand kam auf die Idee, dass er nach dem Krieg dort wieder anknüpfen könnte. Nein, er sollte bei seinem Patenonkel Wilhelm Maurer lernen und irgendwann dessen Bauunternehmung übernehmen. Das waren ja auch keine schlechten Aussichten. Onkel Wilhelm förderte ihn dementsprechend. Nach seiner Maurerlehre hatte Willi technischer Zeichner gelernt, saß in der Bauunternehmung auf dem Büro und zeichnete, sprang aber gleichzeitig ständig überall dort ein, wo Not am Mann war, auf dem Bau, als LKW-Fahrer, was gerade gebraucht wurde. Er hatte überhaupt keine Freizeit mehr. Und als Vollmond-Quartalssäufer passierten dann so Sachen, wie die berühmt-berüchtigte Geschichte, die offenbar immer noch in der Burgsteinfurter Gerüchteküche aufgewärmt wird, derzufolge er 2000 Mark in einer Nacht auf den Kopf gehauen haben soll, wie auch immer. Spielhalle? Bordell? Alles zusammen? Aber das Schlimmste war der folgende Vorfall: Willi hatte, während ich in der Heilstätte war, eines Abends eine blondierte Dame mitgebracht, die er als seine zukünftige Frau vorstellte. Die Hochzeit sollte ganz kurzfristig schon eine Woche später stattfinden, der Polterabend gleich am

nächsten Tag. Ob Willi an diesem Abend betrunken war oder am nächsten oder an beiden - jedenfalls wollte er sie dann wohl doch nicht heiraten und hat ihr, um das deutlich zu machen, am Polterabend eine LKW-Ladung Schutt vor die Haustür gekippt. Dafür ist er ein paar Wochen ins Gefängnis gegangen und hatte das große Pech, dass er dort bei einem Besuchstag von einem Burgsteinfurter erkannt wurde. Das war natürlich sofort im Städtchen rum. Stadtgespräch! Die Übernahme der Bauunternehmung konnte er sich danach abschminken. Daher war die Stimmung zwischen Papa und Willi ohnehin mehr als angespannt.
Papa duldete nicht, dass ein Fernseher ins Haus kam, er wollte „denn ollen Krom alle" nicht sehen. Auf der Upkammer stand bereits ein Gerät, das aber wegen Papas Veto eingepackt dort stehen blieb. Willi kam, um mit uns Silvester zu feiern, das muss der Jahreswechsel 59/60 gewesen sein. Was interessierte ihn Papas Gerede? Er wollte den Fernseher in die Nähstube stellen, „damit Mama mal eine schöne Silvesterparty gucken kann". Tante Buddemeier kam mit einer Flasche Wein, Bohnenkamps kamen mit einer Tüte Plätzchen. Willi hatte den Fernseher provisorisch in Gang gebracht und mit Hilfe eines Drahts

an Eyings Antenne „fern“-angeschlossen. Die Silvestergesellschaft war fröhlich, von den Anwesenden trank mit Ausnahme von Willi niemand viel, es gab vor allem Tee und Kekse. Vater hatte bereits sein eigenes Silvester gefeiert und lag schon darnieder. Mit meinen mittlerweile dreizehn, vierzehn Jahren durfte ich aufbleiben, saß mit in der Nähstube, wir redeten, spielten und blickten auch gespannt auf den Fernseher, das war ja etwas ganz Neues für uns. Wir saßen da froher Erwartung und guter Stimmung, als sich der Fernseher plötzlich mit einem Pling verabschiedete. Die Sicherung war raus - und zwar nicht gesprungen, sondern von Papa gezogen worden. Willi schwoll der Kamm. Papa und er erfanden in dem Jahr ein neues Silvestergesellschaftspiel: Einer drückt die Sicherung raus, einer wieder rein, selbstverständlich unter lautem Gebrüll und gegenseitigen Anwürfen. Man kann sich vorstellen, wie wohl unsere Gäste sich gefühlt haben, und wir selber erst! Mal das ganz andere Silvesterfest... Es war furchtbar. Tatsächlich wurde der Fernseher noch einmal abgebaut, wenig später jedoch von einem Bekannten fachgerecht angeschlossen. Und ausgerechnet Vater war derjenige, der danach am meisten ferngesehen hat, viele Natursendungen, aber auch Sport und Politik. Unsere gemütlichen Handarbeitsrunden hat der Fernseher hingegen nie gestört. Abends wurde er von uns gezielt zu den Nachrichten an- und anschließend direkt wieder ausgemacht. Wenn wir nicht redeten oder sangen, hörten wir eher gemeinsam Radio, während wir zusammen handarbeiteten, und unterhielten uns anschließend über das, was wir gehört hatten. Ich liebte Schulfunk ganz besonders, den hatten wir früher auch manchmal sonntags zusammen gehört, wenn das Wetter zu schlecht für einen Spaziergang mit der Familie war.

Ich war tatsächlich viel zu Hause. Ich liebte unsere gemeinsamen Abende, aber es gab auch nicht so viele Alternativen. Aus dem CVJM war ich durch mein langes Wegsein raus, und als der Konfirmationsunterricht anfing, war es damit ohnehin vorbei. Dessen Angebot mit Spielen, Basteln, Singen und Blockflöte richtete sich eher an jüngere Kinder.

Der Konfirmationsunterricht fand parallel zu den letzten beiden Schuljahren statt, ein Katechumenenjahr und ein Konfirmandenjahr. Dazu trafen wir uns im Jugendheim und hatten nachmittags eine Stunde Unterricht, das war ein ewiges Auswendiglernen irgendwelcher Texte aus dem Katechismus. Liedtexte machten mir weniger Mühe, weil wir zu Hause so

viel sangen und ich sie fast alle kannte, aber den Katechismus lernte ich schon gegen meinen inneren Widerstand: Das stimmt alles gar nicht, ich will eigentlich gar nicht mitmachen. Ich hatte aber auch das Pech, den schlechtesten Pastor im Katechumenenunterricht zu erwischen. Danach war ich mit der Kirche endgültig durch, da waren nicht mehr viele Freundschaftsgefühle füreinander.
Sonntags war der Kirchgang bis zur Konfirmation Pflicht, und zwar weiterhin der Kindergottesdienst. Für den „richtigen“ Gottesdienst qualifizierte man sich erst durch die Konfirmation.

Zur Konfirmation fand im Allgemeinen ein großes Familienfest statt. Mir war aber damals schon sehr klar: Das will ich nicht! Ich wusste ja nun aus Erfahrung, wie das ablief. Die Bude war gerappelt voll, es wurde viel bis noch mehr getrunken, ich wollte das nicht! Mutter hatte immer Freundinnen, die ihr an solchen Tagen halfen, Kuchen backten, Kaffee einschenkten. Die Feiern zogen sich daher über mehrere Tage: An einem waren die Nachbarn dran, am darauffolgenden die Großfamilie und zum Schluss dann noch ein Dankeschön-Kaffee für die Freundinnen und Helferinnen. Ich wollte das nicht! Hinzu kam, dass ich mich von der ganzen Sippe verlassen fühlte und wollte, dass die das merken. Niemand von denen hat sich auch nur ein einziges Mal bei mir in der Heilstätte gemeldet. Keiner hat anschließend gefragt, wo ich war, wie es mir ging. Cousinen und Cousins wussten noch nicht mal, wo ich gewesen war. Was hatte ich mit denen eigentlich zu tun? Ich wollte meine Familie dabeihaben, mit Nichten und Neffen, die es schon reichlich gab, und außerdem meine beiden besten Freundinnen einladen. Inge aus meiner Klasse wurde aber natürlich am selben Tage konfirmiert und konnte daher nicht. Martha kannte ich hingegen aus der Nachbarschaft. Wir gingen selbstverständlich nicht in eine Klasse, nicht mal in die gleiche Schule , sie was ne Katholske! Und genau darum hatte sie Zeit und konnte mit mir zusammen feiern. Sogar Hermann und seine Familie machten sich aus dem Schwarzwald auf den Weg, alle meine Geschwister waren da und das war genau das, was ich mir gewünscht hatte. Alle legten zusammen für ein Fahrrad, das ich mir in einem Fahrradgeschäft in der Nähe aussuchen durfte - ein wunderschönes Konfirmationsrad. Nein, gegen das Fahrrad hatte ich nichts, aber mit dem Thema Religion war ich durch, war aber noch nicht in der Lage, das nach außen zu tragen und zu sagen. So stark wurde ich erst in der Lehre.

Meine Kindheit hatte so viele wunderschöne und so viele schreckliche Elemente. Ich könnte nicht sagen, ob ich eher eine gute Kindheit hatte oder als Kind eher gelitten habe. Ich könnte das noch nichtmal prozentual anbieten. Meine Wahrnehmung hängt stark mit der Stimmung, in der ich zurückblicke, zusammen und verändert sich dementsprechend. Nach wie vor überwiegt das Schreckliche, aber wenn ich gerade anfangen will, heftig zu trauern, fallen mir auch die schönen Erlebnisse wieder ein.
Meine schrecklichen Erinnerungen sind weniger an mein Elternhaus gebunden als die positiven, weil so viele von denen aus der Zeit in den Heilstätten, vor allem der in Ebenhausen, stammen. Aber die Erlebnisse mit Alkohol in der Familie und die Angstzustände, die man als Kind bei dem Getobe durchlebt, sind ebenfalls nachwirkend und heftig. So gesehen ist mein Heimweh nach diesem Ort nicht erklärbar. Überhaupt nicht. Aber da war eben immer auch die Verlässlichkeit meiner Mutter, die da war, wenn ich sie brauchte, ihr immer warmer Raum, in dem immer ein warmer Tee bereit stand. An dem Raum und den

damit verbundenen Gefühlen hänge ich ganz stark. Ich kippe ständig, was meine Kindheit angeht.

Lehrjahre

Meine Schulzeit war vorbei, mein großer Wunsch, Architektin zu werden, durch das rigide Schulsystem ausgebremst. Willi riet mir, es auf einem Umweg zu versuchen, erst eine Handwerkerlehre zu machen und von da aus auf einer Fachhochschule weiterzumachen. Aber das verbot der Lungenfacharzt rundweg: Eine Handwerkerlehre kam absolut überhaupt nicht in Frage! Damit war das vorbei, der Traum ausgeträumt. Die Krankheit hat mein Leben schon sehr bestimmt.

Nach der Blockade vom Lungenfacharzt stand ich da, war todunglücklich und wusste überhaupt nicht, wie es weitergehen sollte. Ich war zwar wegen der Verlängerung durch die TBC neun Jahre zu Schule gegangen, aber weil ich so früh eingeschult worden war, trotzdem mit vierzehn entlassen worden und wurde dann im Juni fünfzehn. Weil ich überhaupt keinen Plan hatte, rumsitzen aber auch nicht in Frage kam, habe ich mich bei der Brauerei Rolinck fürs Büro beworben. Der damalige Personalchef ignorierte meine guten Noten und biss sich an der Note in Naturkunde fest: „Heb ick noch nie in Huse hat, ne fief upt Zeugnis." Mutter hat sich furchtbar über

ihn aufgeregt, ich war aber alles andere als unglücklich über die Ablehnung, weil ein Bürojob in der Brauerei so ziemlich das letzte war, was ich wollte. Mutter schimpfte mit mir, ich sollte in Elisabeths Fußstapfen treten, die von der Volks- auf die Handelsschule gewechselt hatte, aber das interessierte mich nicht und ich hatte mir mittlerweile ein dickes Fell zugelegt, ließ mir nicht so schnell gegen meinen Willen etwas aufdrängen.
Ich war daher ganz froh, als Annchen mich fragte, ob ich mit ihr in den Urlaub fahren wollte. Ich war froh, wegzukommen! Annchen und ich brachen mit dem Zug und den Freifahrtscheinen unseres Papas auf. Dank der freien Bahnfahrkarten sind wir schon früh verhältnismäßig viel rumgekommen, nicht nur zu süddeutschen Heilstätten: Besuche bei Hermann im Schwarzwald oder Mutters Freundin in Hamburg - und jetzt Garmisch-Partenkirchen. Kaum waren wir angekommen, stöberte Annchen im Handarbeitsgeschäft vor Ort, holte sich eine schöne Decke mit Kreuzstich, setzte sich auf ihr Zimmer und ward nicht mehr gesehen. Also so einen erholsamen Urlaub habe ich nie wieder erlebt. Erholung bis zur letzten Haarspitze... Irgendwann konnte ich sie doch überreden, mit mir wenigstens einmal bis zum Rießer-

see zu laufen. Dort sahen wir tatsächlich Hans-Jürgen Bäumler! Mein Idol. Ach!

Zu Hause hatte sich in der Zwischenzeit mein alter Schulrektor eingeschaltet, der befand, dass ich als eine seiner ehemaligen Starschülerinnen doch besonders gut untergebracht werden sollte. Daher hatte er einen der Presbyter in seiner Gemeinde angesprochen, Rechtsanwalt Heine. Ein Rechtsanwaltsbüro? An so etwas hätte ich niemals gedacht, niemand aus meiner Familie wusste etwas darüber. Wir hatten keine Ahnung. Bei uns hieß es immer nur: „Wahrt ju fört hauge Hus!" Seht zu, dass ihr es nie mit der Gerichtsbarkeit, dem Hohen Haus, zu tun bekommt. Ich wusste nicht mal, dass es Anwälte gibt oder was deren Aufgabe ist. Dabei gab es in Burgsteinfurt ein Amtsgericht und dementsprechend viele Anwälte und Notare. Ich hatte keine Ahnung, was ein Anwalt tat, hatte aber das Gefühl, es könnte weitaus interessanter sein als ein Job in der Brauerei. Also habe ich eine Lehre zur Rechtsanwalts- und Notargehilfin angetreten - und muss im Nachhinein sagen, ich hätte es nicht besser treffen können.
Das Anwaltsbüro Heine war wenige Meter von unserer Schule entfernt, ich hatte es also nicht gerade

weit. Nur an einem Tag in der Woche musste ich zur Berufsschule nach Münster.

Ich machte mich also mit meinem neuen Konfirmationsrad allmorgendlich auf den Weg. Eine Freundin meiner Mutter hatte mir eine Basttasche fürs Rad geschenkt, in der ich mein Butterbrot und meine Wasserflasche verstauen konnte. Eine aus Bast gewebte Tasche, hässlicher ging es nicht und mit solchen Dingen konnte man mich als Fünfzehnjährige wirklich strafen. In dem Alter ist das einfach wichtig! An solchen Dingen merkte ich, dass ich eine alte Mutter hatte, sie ging ja schon auf die sechzig zu, während ich vor mich hin pubertierte. Sie fand diese Tasche wirklich schön und ich habe so etwas zu dem Zeitpunkt ganz besonders wenig zu schätzen gewusst. „Ju Minchen, dat temt sick und ist obsternat!" Euer Minchen ist eingebildet und widerwärtig, hieß es dann.

Mutter befand außerdem, dass mein Pferdeschwanz für die Lehre nicht seriös genug war und verordnete mir einen Haarknoten. Ganz „schick" für eine Fünfzehnjährige, besonders zu einer Zeit, in der viele meiner Altersgenossinnen ihre erste Dauerwelle bekamen. Ich hatte dagegen dieses Schmuckstück auf dem Kopf sitzen, für dessen Anfertigung ich auch noch jeden Morgen kostbare Zeit aufwenden musste. Hinzu kam: Kein Pony. Den mochte Mutter gar nicht. Ich hatte es gewagt, mir in der Heilstätte fünf bis sieben Haare zum Pony zu schneiden, das kam gar nicht gut!

Unser erster Bürovorsteher wurde Gott sei Dank schon nach einem halben Jahr zum Bund eingezogen, daran kann man schon sehen, wie jung er noch war. Mit dem Bürovorsteher, der Bürovorsteherin steht und fällt das Büro, das sind enorm wichtige Kräfte. Dieser Aufgabe war er nicht wirklich gewachsen gewesen. Ihm folgte meine Kollegin D., die allem Lustigen zugetan war. Mir war instinktiv klar, dass keiner der beiden ein großes Vorbild für mich sein konnte.
Mein Chef stand auf einem anderen Blatt. Rechtsanwalt Heine war freundlich und loyal. Wenn wir einen Fehler machten, sagte er: „Wer nichts tut, der macht auch keine Fehler." Er war der Einzige, der konsequent Wilhelmine zu mir sagte, das mochte ich sehr. Die Kanzlei lag in seinem Privathaus, es herrschte insgesamt eine gute familiäre Stimmung, auch Frau Heine und die Kinder der Familie waren sympathisch, sogar Smyrre, der kleine Dackel.

Besonders imponierte mir bei Anwalt Heine aber sein Sinn für Gerechtigkeit. Den habe ich besonders zu spüren bekommen. Damals bot die Postsparkasse zum Sparen ein kleines Büchlein an, in das man 20-Pfennig-Briefmarken einkleben konnte. War das Büchlein voll, konnte man es zur Post bringen und die Summe, es waren pro Büchlein drei oder fünf Mark, entweder auf sein Postsparbuch einschreiben oder sich auszahlen lassen. Unsere neue Bürovorsteherin beschwindelte unseren Chef jeden Abend. Sie trug grundsätzlich mehr Porto ins Portobuch ein, als wir gebraucht hatten, und klebte die so ergaunerten Briefmarken in ihr Markensparbuch. Da wir das mitbekamen und sie uns zum Schweigen bringen musste, ließ sie sich das Geld manchmal auszahlen und brachte von einem Teil der Summe Pfefferminztaler aus dem Kolonialwarenladen Hassmann mit, manchmal sogar Sauerkraut, wonach uns gerade der Appetit stand. Mir war irgendwie klar, dass das Betrug war, der immer erschreckendere Ausmaße annahm, weil D. gerne viel ausgab. Ich konnte damit nach einiger Zeit nicht mehr klarkommen. Heulend habe ich Mama abends davon erzählt und die hat mich postwendend ins Büro zurückgeschickt. Ich bin nie wieder irgendwo mit so schlotterigen Knien hingegangen. Ich war noch nicht ganz im Haus, als ich zu weinen begann. Frau Heine bat mich ins Wohnzimmer: „Beruhige dich doch erstmal!“ Anschließend habe ich gebeichtet - und mir war klar, dass es eine Beichte war, denn ich hatte ja einige Monate mitgemacht und in Form von Süßigkeiten oder kleinen Ergänzungen zum Mittagessen profitiert. Herr Heine war platt. Kassenführung war ein wichtiger und wesentlicher Bestandteil unserer Arbeit! Wenn es z.B. einen vollstreckbaren Titel gab, zahlten die Menschen die darin benannten Summen häufig in Raten im Büro ab, das wurde alles genauestens nachgehalten, Korrektheit war extrem wichtig. Ich habe mich wieder und wieder entschuldigt. Mir sei klar, dass das Betrug sei, es täte mir unendlich leid. Jedenfalls musste D. kurz danach gehen und damit war ich nicht nur die Älteste, sondern außerdem auch noch für zwei jüngere Auszubildende verantwortlich.

Ich habe in der Schule noch richtig Sütterlinschrift gelernt, bei Frau B. natürlich, und so fiel mir außerdem die Aufgabe zu, im Büro Schriftstücke, insbesondere Testamente, die in Sütterlinschrift verfasst waren, zu „übersetzen“ und ans Amtsgericht schicken. Insgesamt machte ich mich also gut im Büro,

ich denke, dass das dazu beigetragen hat, dass ich immer selbstbewusster wurde.
Ein Thema, das mir schon geraume Zeit quer durch den Hals lief, war, wie knapp bemessen das Haushaltsgeld meiner Mutter war, weil mein Vater festlegte, wem wieviel zustand. Als er mich eines Abends mal wieder losschicken wollte, eine Ötkespulle zu holen, was ich ja tat, seit ich ein Kleinkind war, habe ich ihm klar und deutlich gesagt: „Papa, ich hole keine Ötkespulle mehr! Nie wieder!" Ich habe nicht geschrien. Ich hatte von meinem Lehrherrn den Satz gehört und mir angeeignet: Es klingt alles besser, wenn wir miteinander reden, als wenn wir uns anschreien. Aber ich habe sehr deutlich gesagt: „Ich hole keinen Schnaps mehr! Weißt du eigentlich, was diese Familie unter deinem Alkoholgenuss gelitten hat? Ahnst du überhaupt, wieviel Elend du hier in unser Haus getragen hast, nicht zuletzt, weil dein Alkoholverzehr ja auch Beispiel für die großen Jungs war?" Ich weiß, dass das nicht nur unsere Familie betraf. Wie viele Frauen vom *Friedhof* und von der *Citadelle* freitags vor die Unternehmenstür gehen und die Lohntüten abholen mussten, weil sonst ein Großteil des Geldes in der Gaststätte blieb, bevor die Ehemänner damit nach Hause kamen! Wieviel Un-

heil durch den Alkohol wir auf allen Seiten miterlebt haben! Das habe ich mit ihm in Ruhe besprochen, aber wie das bei Alkoholikern ist: Man kommt nicht ans Ziel. Das ist ein Fass ohne Boden.

Einen anderen Kampf habe ich erfolgreicher geführt: Irgendwann durfte ich mir die Haare abschneiden, zum Friseur gehen und eine „schicke" Dauerwelle legen lassen. Danach war ich, glaube ich, unglücklicher als vorher, das stand mir nun so gar nicht! Außerdem begann damit das große Theater... Wir wuschen uns ja alle in der Küche. „Ihr könnt machen, was ihr wollt", habe ich gesagt, „ich muss jetzt Haarspray haben und toupieren." So habe ich mich schick gemacht. Damals habe ich das erste Mal die Erfahrung gemacht, dass der Satz stimmte: Wie du kommst gegangen, so wirst du auch empfangen. Ich fand den Unterschied, wie ich behandelt wurde, so auffallend, je nachdem ob ich aus dem Garten kommend, verschwitzt und unfrisiert irgendwo aufschlug, oder ob ich gepflegt erschien. Das war nichts, was bei mir zu Hause irgendjemandem bewusst war. Elisabeth, die Diakonisse werden wollte und gar keinen Wert auf Kleidung legte, beschwerte sich manchmal, dass man sie wie ein Landei ansprach. Ehrlich gesagt: So sah sie eben auch aus! Diesen Zusammenhang durchschaute bei uns zu Hause niemand, obwohl meine Mutter doch Schneiderin war, eine ganz hervorragende Schneiderin, die sich tagein tagaus mit Damenoberbekleidung beschäftigte. Und damit tat sich das nächste Schlachtfeld auf, denn natürlich nähte sie auch meine Kleidung. Mutter sagte zu jeder Kundin, egal ob dick oder dünn, lang oder kurz: Ein paar Zentimeter länger macht schlank. Oder länger, voller, was auch immer gewünscht war. Ein paar Zentimeter mehr halfen gegen alles. Und ich wollte einen kurzen Rock! Diese Kämpfe, die ich wegen meiner Rocklänge gefochten habe. Ich wollte Mini tragen. Das stand mir ganz hervorragend. Meine schönen Beine wurden regelrecht zu meinem Markenzeichen. Dementsprechend liebte ich auch schöne Schuhe, konnte mir aber bei Weitem nicht so häufig welche leisten, wie ich das gerne getan hätte. Viel Lehrgeld bekamen wir nicht, vierzig Mark im ersten, sechzig im zweiten und achtzig im dritten Lehrjahr. Wenn ich mir ein Paar Schuhe kaufte, war die Kohle weg. Meine Eltern fanden das einfach nur furchtbar, kannten das ja auch gar nicht, denn Elisabeth und Annchen hatten auf Kleidung nie Wert gelegt. So musste ich als jüngste diesen Kampf kämpfen. Ich habe irgendwann aufgehört zu diskutieren. Wenn meine Mutter mir einen Rock nähte, habe ich ihn genommen, mich bedankt, den Rock mit auf unser Zimmer genommen, Schere, Nadel, Faden, das Nähen hatte ich schließlich gelernt. Schon hatte ich einen Rock in meiner Wunschlänge oder vielmehr -kürze! Meine Eltern haben irgendwann resigniert.

Gar nicht zu akzeptieren war hingegen meine Kritik an der Kirche. Wenn ich nach einem Gottesdienst die Predigt kritisierte oder verlangte, dass uns mal vernünftige Pastoren geschickt werden sollten, war meine Mutter schockiert! Das war widerwärtig! Das tat man einfach nicht. Noch schlimmer war, dass ich nach und nach gar nicht mehr zur Kirche ging. Elisabeth war immer enttäuschter von mir und versuchte, mich wieder auf die richtige Bahn zu bringen. Ich wehrte mich auch zunehmend gegen die Burgmentalität in Burgsteinfurt. Ich durfte zum Beispiel nur bei evangelischen Kaufleuten einkaufen. Wir hatten in der unmittelbaren Umgebung Geschäfte, Femmer, Wensing, da bin ich als Kind nie drin gewesen. Kein einziges Mal. In der Pubertät habe ich beschlossen: Mit mir macht ihr das nicht, überhaupt nicht, ich gehe da einkaufen, wo ich möchte. Das war für meine Mutter oft nicht einfach, ich war nun mal das letzte Kind und ihre Nerven sicherlich nicht mehr besonders, da war ich sicherlich auch oft eine Prüfung. Vater sagte halb resigniert, halb traurig: „Nee nee, datt is gar nich mehr usse Minchen." Aber man verändert sich eben.

Freundschaften zu pflegen war während der Lehre gar nicht so einfach, 48 Stunden Arbeit ist schon viel. Es blieb nur der Sonntag. Und je älter ich wurde, desto mehr musste ich im Garten helfen. Wir hatten einen ganzen Acker zwischen der Bahnlinie nach Münster und der nach Coesfeld, das war kein kleines Stück Land. Die Hälfte des Landes war mit Kartoffeln bepflanzt, wir aßen ja auch jede Menge davon, und auf der anderen Hälfte stand Spargel, Grünkohl, jede Art von Kohl, Möhren, alles was man sich an Gemüse vorstellen kann und in unseren Breitengeraden wächst, aber auch Pfirsiche, Weintrauben, mehrere Sorten Äpfel, Kirschen, Birnen, Johannisbeeren schwarz weiß rot, Stachelbeeren. Der Garten fungierte gleichzeitig als Rückzugsort für Papa, der sich dort mit seinen Eisenbahnpensionären traf, oft äußerst feucht-fröhliche Zusammenkünfte... Je mehr die Krankheit bei ihm fortschritt, desto stärker verlagerte sich die Arbeit auf uns. Mama legte zudem Wert auf ihre Blumenbeete, die mussten unkrautfrei sein. Wir hatten einen Schattenmorellenbaum, der unglaubliche Mengen ablieferte. Diese Kirschen durften wir nicht pflücken, mein Vater bestand darauf: „Man darf die Kirsche nicht vom Ast reißen!“ Wir waren wahrscheinlich die einzigen Menschen auf der Welt, die ihre Kirschen mit der Nagelschere geerntet haben. So musste ich in der Lehrzeit oft nach Feierabend noch in den Garten, oder frühmorgens, bevor ich ins Büro ging, etwas holen. Spargel durfte überhaupt nur frühmorgens gestochen werden, musste dann in einem feuchten Tuch eingeschlagen auf dem Kellerboden gelagert werden, da war Mutter extrem pingelig.

Während meiner Lehrzeit wurde die Arbeitszeit allgemein auf 45 Stunden reduziert, das fanden wir total toll. Plötzlich hatten wir samstags den halben Tag frei! Mehr Zeit für Freundschaften hatte ich trotzdem kaum, denn Vater wurde immer kränker, kam kaum noch aus dem Haus und stand schon in der Warteschleife, wenn ich nach Hause kam: „Spürlt wi dan nomeddach noch en bietken?“ Ich war fünf, als Willi mir Rommee beigebracht hat. Das spielte ich

auch gerne, aber nicht bis zum Umfallen, wie Papa es dann betrieb. Damit konnte man die Handarbeit, die aktuell anstand, oder die Radtour, die geplante, eigentlich vergessen.
Ich hatte aber auch aus einem anderen Grund den Kontakt zu meinen Freundinnen ein bisschen verloren: Sie durften zum Tanztee, durften hierhin, durften dahin und ich nicht. „Nach der Lehre kannst du das alles machen!" Darunter leidet eine Freundschaft. Es gab ohnehin nur den Samstagabend und den Sonntag für gemeinsame Unternehmungen. Gleichzeitig war es aber auch so: Annchen und Elisabeth waren noch zu Hause und Mama überraschte uns mit ihren tollen Ideen, was wir handarbeiten konnten; es war einfach wunderschön gemeinsam zu Hause zu sitzen. Es kam ein Pott Tee auf den Tisch, Kekse hatte Mama immer, Tante Wessel kam dazu, Tante Bohnenkamp, das waren total gemütliche Abende. Im Sommer saßen wir draußen unter den Bäumen, da gesellten sich andere Nachbarinnen zu uns, da habe ich Freundinnen oder Tanztees auch nicht vermisst. Es gab den Mischehenverhütungsball bei den Katholiken, zu dem hätte ich ohnehin nicht gedurft, aber auch die evangelischen Kirche organisierte regelmäßig Tanztees. Da habe ich den

Anschluss verpasst, alle gingen, nur ich durfte nicht. Ich muss aber auch der Ehrlichkeit halber sagen, dass nicht wenige meiner Freundinnen mit sechzehn, siebzehn Jahren schon ihr erstes, natürlich nicht geplantes Kind bekommen haben. Es war eben keine von uns vernünftig und umfassend aufgeklärt. Das waren Dramen! Lehrverhältnisse wurden aufgelöst, das brachte Lebenspläne mehr als durcheinander.
Meine Mutter sang gerne und wunderschön. So saßen wir abends da, handarbeiteten gemeinsam und sangen; ich wollte gar nicht weg. Im Winter in der Stube, im Sommer im Hof im Schatten unter den Bäumen, das war so warm, so gemütlich, das fand ich so herrlich. Was sollte ich woanders?

Nach drei Jahren habe ich die Prüfung zur ReNo-Gehilfin mit Bravour abgelegt und war nicht nur über meine guten Ergebnisse froh, sondern auch darüber, dass ich nie wieder Änne aus Ochtrup und ihren Kartoffelpfannkuchen würde ertragen müssen, den sie jede Woche mit zur Berufsschule gebracht hatte. Jede Woche hatte sie eine mit Reibeplätzchen belegte Schnitte Brot mit, die sie in Pergamentpapier verpackt aus der Tasche nahm und unter ihre Schulbank legte, von wo aus der Geruch über die nächs-

ten Stunden in den gesamten Klassenraum waberte. Einen übleren Geruch kann es gar nicht geben...
Die Rechtsanwalts- und Notargehilfen-Prüfung fand fast zeitgleich mit meiner Führerscheinprüfung statt. Elisabeth und ich hatten gemeinsam mit Unterricht begonnen, aber da sie zwischendurch Nachtwache gehabt hatte, war ich eine Woche vor ihr fertig geworden, ganz kurz vor meinem 18. Geburtstag, zu dem ich den Führerschein ausgehändigt bekam. Vater hatte nie einen Führerschein besessen, weil er ja mit der Bahn überall hinkam. Er hatte aber einen Prämiensparvertrag bei der Sparkasse, den er nun auflöste, um ein Auto davon zu kaufen. Unser Nachbarjunge schwatzte uns einen weiß-grünen Ford Taunus auf, dessen Macken wir leider erst zu spät bemerkten.
Annchen hatte mittlerweile über Heiratsannoncen einen Gerhard, Hotelier aus Freising, kennengelernt, die ganz große Nummer, auch für Mutter. Sie ließ sich von ihrem Wäschelieferanten meterweise Damast schickten, der umnäht, bestickt, besäumt und in große Holzkisten verpackt mit der Bahn (das kostete uns ja nichts) als Annchens Aussteuer nach Freising geschickt wurde, wo sie jetzt groß Hotelkarriere machen sollte. Da waren Elisabeth und ich

doch neugierig und haben uns auf den Weg gemacht, Annchen zu besuchen, deren Geburtstag außerdem vor der Tür stand. Das war abenteuerlich, lebensgefährlich, wenn man ehrlich sein soll. Die Tinte auf meinem Führerschein war noch nicht ganz trocken. Zum Glück war die Autobahn noch sehr leer. Elisabeth und ich bekamen in Annchens Zimmer nur ein Bett zugewiesen, das war für uns nicht das Problem, das kannten wir von früher. Aber dann haben wir eigentlich nichts anderes gemacht, als bis zum Umfallen zu arbeiten, und zwar in der Spülküche. Das war ja meine absolute Lieblingsbeschäftigung. Und dann der Alkohol! Meine Schwestern feierten so ganz langsam in den Geburtstag rein, ich war hingegen so fertig, dass ich ins Bett gegangen bin. Ich kann mich noch daran erinnern, dass ich später nochmal wach wurde, weil Elisabeth unter lautem Getöse nach oben kam und mehr oder weniger in unser Bett fiel. Kurz danach kam auch Annchen. Plötzlich flog die Tür nach großem vorherigem Gepolter auf und da stand dieser Gerhard - mit einem Vorschlaghammer, mit dem er auf Annchen einschlagen wollte. Ich lag an der Wand, weil Elisabeth ja nach mir gekommen war, und habe es gerade noch geschafft, über sie rüberzuklettern und diesen ebenfalls vollkommen betrunkenen Mann davon abzuhalten, unser Annchen anzugreifen. „Keine Sekunde mehr geht hier!“, erklärte ich, kaum dass der aus dem Zimmer war. Wir haben unseren grünweißen Ford Taunus mit allen möglichen Dingen bepackt, Annchen bestand darauf, dass die Federbetten, Teil ihrer Aussteuer, mit müssten. Wir rannten durch dieses Haus. Endlich konnte ich das Auto starten, blieb aber am Ortsrand von Freising stehen. Ich war zu müde und aufgekratzt zugleich, um zu fahren, und außerdem furchtbar erkältet, weil es in diesen alten Gasthäusern immer so zog. Elisabeth schlief, die war gar nicht zu gebrauchen und wir waren im tiefsten Bayern, ich kannte mich überhaupt nicht aus. Nach einiger Zeit rief Annchen plötzlich: „Ich will doch nicht mit, lass mich raus“, und sprang aus dem Wagen. Da hatte ich den Kaffee so auf, ich habe zu Elisabeth gesagt: „Egal, wohin wir fahren, wir fahren jetzt.“ Elisabeth war mittlerweile soweit wieder bei sich, dass sie auf die Idee kam, zu Hermann zu fahren. Der wohnte doch auch in Süddeutschland… Wir hatten wirklich keinen Dunst. München und der Schwarzwald lagen nicht wirklich nah beieinander! Zudem sind wir in Schleifen über die Dörfer gefahren. Irgendwann hatten wir es aber geschafft und ich war noch nie so dankbar, eine warme Stube ohne Zirkus aber mit liebevollen Menschen um mich zu haben. Jedenfalls ist weder aus Annchens Hochzeit noch aus ihrer Hotelkarierre etwas geworden.

Überhaupt nicht interessiert...

Ich bin nach der Prüfung bei meinem Lehrherrn geblieben, er wollte mich gerne weiterbeschäftigen und ich wollte sehr gerne weiter bei ihm arbeiten. Nachdem ich meine Ausbildung abgeschlossen hatte, sagte meine Mutter: „Minchen, du musst auch mal irgendwo hingehen." Aber der Zug war abgefahren. Einmal hat sie mich überredet, mit zum Schützenfest zu gehen. Nach dem Abend stand für mich fest: Ich bin auf dem ersten und letzten Schützenfest meines Lebens gewesen. Der viele Alkohol, die betrunkenen Kerle, ich fand es nur furchtbar. Ich war gertenschlank, immer toll benäht von meiner Mutter und trug, wenn ich mich recht erinnere, ein blaues Kleid, in dem vorne eine Tulpe entweder eingenäht oder im Stoff war. Ich konnte mich vor Verehrern nicht retten, die sich dann auch gegenseitig auf der Tanzfläche rempelten, um sich zu beweisen, mir war das durchgehend unangenehm. Wenn ich mit einem tanzte, fuhr da unten plötzlich so eine Art Messer raus und dann zogen die Kerle einen noch enger an sich. Diesen Beweis ihrer Männlichkeit brauchte ich nicht und wollte ich auch nicht ertragen. Ich habe gesagt: Nie wieder. „Watt is bloss met di, datt geiht so nich wiede", jammerten meine Eltern, die ja beide schützenfestkrank waren, aber ich wollte einfach nicht. Das ist überhaupt nicht meine Welt. Ich mochte schon keinen Alkohol riechen!

Das heißt nicht, dass ich nichts mit Männern am Hut hatte. Elisabeth und ich gingen regelmäßig zu den Spielen der lokalen Handballmannschaft. Wir genossen den Sport, aber mehr noch die Atmosphäre in der Halle. Ich fand einen der jungen Herren aus der Mannschaft durchaus interessant und habe mit Freundinnen darüber gesprochen, natürlich, und das wurde ihm hinterbracht. Um ein paar Ecken herum fragte mein Schwarm also an, ob wir nicht Silvester zusammen feiern sollten. Ich bekam erneut ein schönes Kleid genäht, aber zu Mutters größtem Kummer gefiel mir der junge Mann bei näherer Betrachtung überhaupt nicht.
Elisabeth war in der Damengymnastikgruppe des Turnerbundes und überredete mich, mitzukommen. Wir trafen uns einmal in der Woche und machten in der Turnhalle des Gymnasiums Gymnastik. Ansonsten machten wir schon mal Ausflüge oder trafen uns in der Eisdiele. Das genoss ich sehr. Selbst zu den Festen ging ich nicht ganz so ungerne, weil das Pu-

blikum einfach ein anderes war, da wurde längst nicht so viel Alkohol getrunken. Bei einem dieser Turnerbund-Stiftungsfeste forderte mich ein junger Mann aus der Wilhelmshavener Handballmannschaft immer wieder und wieder zum Tanzen auf. Sektbar, Küsschen, Minchen hatte die Schmetterlinge im Bauch - aber er hat nie wieder von sich hören lassen.

Vielleicht hat das dazu beigetragen, dass ich zwei Jahre nach Beendigung meiner Lehrzeit gedacht habe: Du musst mal raus aus Burgsteinfurt. Leicht ist mir der Entschluss nicht gefallen, ich ahnte mein Heimweh schon im Vorraus. Etwas leichter wurde es dadurch, dass Elisabeth schon seit einiger Zeit nicht mehr zu Hause wohnte. Sie hatte ja unbedingt Diakonisse werden wollen, war dann aber in Bethel abgelehnt worden, weil sie 15 Jahre zuvor TBC gehabt hatte. Sie hatte daher eine Ausbildung zur Krankenschwester in Essen begonnen.
Mein Heimweh war allgemein bekannt. Daher schlug Hermann vor, in die Nähe seiner Familie im Schwarzwald zu ziehen. Ich habe mich tatsächlich in St. Georgen bei Dual beworben, damals eine Riesenfirma, in der ich mich in einem knatschgrünen Kostüm vorgestellt habe. Aufgrund des Gespräches und

meiner guten Zeugnisse bekam ich nicht nur die Zusage, dass ich beim Geschäftsführer ins Sekretariat käme, die Firma besorgte mir sogar ein Zimmer. So bin ich mit Sack und Pack in den Schwarzwald gezogen.

Leider stellte sich sehr bald heraus, dass ich das Klima überhaupt nicht vertrug, ich bekam fürchterliche Herzrhythmusstörungen und habe noch in der Probezeit bei Dual aufgehört. Aber alle redeten mir gut zu, nicht sofort wieder gen Norden zu fahren. Ich sollte mich erstmal akklimatisieren und mich etwas später noch einmal bewerben. So wurde ich Sekretärin des St. Georgener Bürgermeisters, Dr. Dahringer. Ich war zwanzig Jahre alt, kam exotischerweise aus dem „hohen Norden", und hatte dementsprechend viele Verehrer, da habe ich die nettesten Geschichten erlebt. Es wurde aber immer schlimmer mit meinen Herzrhythmusstörungen. Kein Kardiologe konnte so recht was mit mir anfangen, ich bekam heftige Medikamente, die aber auch nicht wirklich halfen. Sobald ich den Schwarzwald verließ, gab mein Herz Ruhe. So bin nach einem Jahr wieder nach Hause gezogen.

Die Entscheidung ist mir sehr leichtgefallen. Natürlich hatte mich die ganze Zeit Heimweh gequält. Dort waren ja nicht nur meine Eltern und mein Elternhaus, dort war der ganze *Friedhof*, mein Gebiet. Außerdem kannte man mich mittlerweile in Burgsteinfurter Anwaltskreisen, ich hatte das Gefühl, mir aussuchen zu können, bei wem ich arbeiten wollte. Zu meinem Lehrherrn zurück wollte ich nicht, so wohl ich mich da auch gefühlt hatte. Das war vorbei. Der beste Anwalt war Dr. Eiler, da habe ich mich zuerst beworben. Seine Antwort auf meine Frage, ob ich mich wohl vorstellen dürfte, lautete: „Wann können Sie denn anfangen? Morgen?" Dort habe ich wirklich gerne gearbeitet, beruflich war das eine traumhaft schöne Zeit, weil er uns viel zutraute und machen ließ.

Wenn wir Strafakten vom Amtsgericht bekamen, mussten wir sichten, was wichtig für den Chef war und entsprechende Stellen kennzeichnen. Eines Tages las ich auf einer Strafakte einen Namen, der mir bekannt vorkam. Ich stutzte. Das war doch eine ehemalige Klassenkameradin von mir. Wir hatten gemeinsam die Schulbank gedrückt und gemeinsam gespielt. Ich schlug die Akte auf und war fassungslos. Meine Schulfreundin war seit ihrem siebten Lebensjahr von ihrem Stiefvater vergewaltigt worden und keiner hatte je was gesehen oder gehört. Ihre Mutter war eine hübsche gepflegte Frau, ihr Vater mehr so ein Gnom, ich hatte mich schon als Kind immer gefragt, wie die zusammenpassten. Und jetzt diese Strafsache! Tatsächlich ist der Vater entsprechend verurteilt worden. Darüber komme ich bis heute nicht weg: Warum haben wir das nicht gemerkt? Das war einer der größten Schocks während meiner Berufstätigkeit, das stellte auch meine eigene Kindheit in Frage. Das war doch so idyllisch da in Burgsteinfurt - zumindest, wenn gerade niemand trank. Oder?

Elisabeth hatte in der Zwischenzeit ihre Ausbildung mit einem so guten Examen abgeschlossen, dass man sie zur Schulschwester weiterbilden wollte. Aber dann wurde Papas Krebserkrankung so schlimm, dass es hieß: „Elisabeth, du musst nach Hause kommen, Papa versorgen." Neben der Pflege von Papa arbeitete sie im Krankenhaus und hatte dort Hildegard Rummeling betreut, deren Sohn, Heiner, sich ganz furchtbar in Elisabeth verliebte. Dabei wollte sie gar nicht heiraten. Wann immer sie den Absprung schaffte, wollte sie Missionsschwester werden, wenn man sie als Diakonisse schon nicht wollte. Ein Freund von Heiner hat beim Schützenfest den Vogel abgeschossen, er musste also im Hofstaat mitlaufen und hat

Elisabeth gefragt, ob sie nicht seine Hofdame sein wollte. Mama war hochbegeistert, nicht nur weil sie „schützenfestkrank“ war, sondern auch, weil sie ihre Töchter so gerne unter der Haube sehen wollte. Elisabeth ist also mitgegangen. An so einem Schützenfest hängen ja jede Menge Termine dran, die sie alle zusammen wahrnahmen. Irgendwann galten die beiden als Paar, die Hochzeitsglocken läuteten in der Ferne. Ich habe sie gefragt: „Willst du eigentlich wirklich mit dem zusammen sein? Heiner Rummeling?“ - „Ja, jetzt habe ich doch schon mit dem gefeiert. Was sollen denn die Leute sagen?“ Das hörte sich für mich so an, als würde sie eher aus Pflichtbewusstsein heiraten. Aber vielleicht mochte sie nur nicht zugeben, dass sie sich ganz furchtbar verliebt hatte und ihre frommen Pläne dadurch weniger wichtig geworden waren. Wer weiß das schon?

Willi hatte mittlerweile dafür gesorgt, dass wir den unzuverlässigen Ford loswurden und einen Käfer bekamen. Manchmal bin ich mit dem zur Arbeit gefahren, meist ging ich aber zu Fuß oder nahm das Fahrrad. Egal, wie ich den Weg zurücklegte, er führte mich immer an Rummelings Haus vorbei, das ganz in der Nähe der Kanzlei Eiler lag. Im Dachgeschoss war eine kleine Wohnung an Studenten vermietet. Eines Tages kam ich wieder vorbei, tippelte auf meinen schicken Pumps vor dem Haus her und hörte, wie oben jemand ganz aufgeregt rief: „Komm mal schnell, komm mal schnell, hier ist sie!“ Mir waren vorher schon mal, als ich mit dem Auto vorbeikam, zwei junge Männer aufgefallen, die vor dem Haus standen und mir mit Handzeichen zu verstehen gaben, ich sollte doch anhalten. Pah, hatte ich nur gedacht, arme Menschen.

Eines Tages sagt Heiners Mutter zu mir: „Es ist Burginenfest im Martin-Luther-Haus und der junge Mann, der hier oben immer zu Besuch ist, Henning, hat mich gebeten, dich zu fragen, ob du mit ihm dahin gehst.“ Ich war tödlich beleidigt. „Richten Sie diesem Henning bitte folgenden Satz aus: Was bilden Sie sich eigentlich ein, können Sie mich bitte selber fragen?“ Ich war überhaupt nicht interessiert. Ich kannte ihn ja mittlerweile vom Sehen und hatte ihn einmal beim Einkaufen durch die Schaufensterscheibe des Supermarktes beobachtet, da hatte er offensichtlich die Nacht durchgemacht und sah schlimm aus! Ungepflegt, dazu einer dieser Parkas, die alle Studenten trugen. Zwischen Empörung und Belustigung schwankend habe ich meiner Mutter davon erzählt. Die lachte aber gar nicht mit: „Goh doch mal hen! Du kanns doch een Obend dohen gohn." Elisabeth stieß ins selbe Horn: „Burginenfest, da kennst du doch jeden und kannst ganz leicht ausweichen, wenn du keinen Spaß hast." Also gab ich nach und machte mich schick. Ich besaß einen schwarzen Mantel mit weißem Oppossum-Kragen, das fand ich damals todschick. Ich seh Hennings Blick heute noch und ich sah es an seinem Blick: Der war ratzefatze weg vom ersten Augenblick an. Ich nicht, aber immerhin war er tip top geschniegelt, gestriegelt und wohlriechend, kein Vergleich mehr zu der traurigen Gestalt, die ich durch das Supermarktschaufenster erblickt hatte. Wir hatten auf jeden Fall einen netten Abend. Und mehr? Wollte ich mehr? Immerhin habe ich ihm geholfen, aus seiner scheußlichen, klitzekleinen Studentenbude auf der Siedlung rauszukommen, die noch mit Kohle beheizt wurde. Ich bekam mit, dass in der Nähe des *Friedhofs* ein Zimmer vermietet wurde, das habe ich ihm vermittelt. Wir haben uns häufiger getroffen, schöne Verbindungsbälle gefeiert, sind im Bagno spazieren gegangen. Ich war nicht mehr so gegen ihn, aber auch nicht wirklich dafür. Ich war so halb und halb. Rückblickend denke ich, ich wollte mich eigentlich gar nicht binden. Jedenfalls verliebte ich mich immer in die entsprechenden, unerreichbaren Männer. So hatte ich einen Georg, einen Erzieher, der im katholischen Heim arbeitete, kennengelernt und mit ihm auch Elisabeths Verlobung gefeiert. Als ich ihn danach nachts mit dem Auto nach Hause brachte, durfte ich nicht vor seinem Elternhaus halten, damit seine Mutter uns nicht sah. Sie hatte ihm verboten, mit einem evangelischen Mädchen auszugehen. Damit war der katholische Georg Geschichte.

Kurz darauf verliebte ich mich auf dem Polterabend meiner Cousine in einen verheirateten Mann, aber so richtig! Der hatte mich an dem Abend dermaßen leidenschaftlich geküsst, das hatte ich nie zuvor erlebt, die Hormone spielten verrückt. Meine Cousine steckte mir, dass meine Gefühle durchaus erwidert wurden. Ich war also ungebunden, aber dennoch nicht wirklich frei. Der Grund dafür lag, denke ich, tiefer.

Noch immer trauerte ich dem verpassten Architekturstudium und den damit verbundenen Möglichkeiten hinterher. Nun war es aber nicht mehr die Architektur, die mich interessierte, sondern Jura! Die Arbeit als ReNo-Gehilfin hatte mir eine vollkommen neue Welt eröffnet, von der ich vorher nicht einmal gewusst hatte, dass sie existierte. Gleichzeitig merkte ich, dass die Arbeit dort meinem Gerechtigkeitssinn entgegenkam, ich gut war, in dem, was ich tat - und mehr wollte! Mein Plan stand fest: Ich würde das Abitur nachholen und Jura studieren. Diesen Weg hatte ich fest vor Augen. Ich war vollkommen zuversichtlich, dass ich ihn erfolgreich gehen würde. Freunde hinderten mich nicht daran, die konnte ich haben, aber einen Mann brauchte ich nicht. Mein Glück lag nicht in Ehe, Kindern und Familie.

Im Mai 1969 fand eine Studentenreise nach Dubrovnik statt und Henning fragte, ob ich nicht mitkommen wollte. Das war zu der Zeit ein riesiges Abenteuer, allein schon, dass man fliegen musste. Wer aus Burgsteinfurt hatte denn schon in einem Flugzeug gesessen? Hennings Freund Hilmar, der oben bei Rummelings im Haus wohnte, und dessen Frau Gudrun würden ebenfalls mitkommen und Henning stellte sofort klar, dass wir es zu Hause gerne so darstellen konnten, dass die Jungs in einem und die Mädchen in einem anderen Zimmer schliefen - sein Plan sah anders aus. Zu dem Zeitpunkt waren wir aus seiner Sicht schon ein Paar, ich zögerte noch. Aber warum eigentlich? Einen Freund zu haben hinderte mich ja an nichts - aber ohne Verhütung? Niemals. Ich bin in Burgsteinfurt von Arzt zu Arzt gelaufen, um ein Rezept für die Pille zu bekommen, und wurde angeguckt wie eine Prostituierte. Wie konnte ich es wagen, einem Arzt mit so einem Anliegen unter die Augen treten? Unverheiratet noch dazu! In der Apotheke brauchte ich auch nie wieder zu erscheinen, nachdem ich dort ein Pillenrezept auf die Theke gelegt hatte. Aber immerhin hatte ich mein Ziel erreicht.

Wir sind also nach Dubrovnik geflogen und natürlich ist meine Familie davon ausgegangen, dass Gudrun und ich in einem Zimmer schliefen, alles andere war ja undenkbar. Elisabeth hat mich noch hochnotpeinlich dazu befragt, da war ich schon über fünfzig.

Dubrovnik war für uns unfassbar exotisch! Wir waren in einer einfachen Unterkunft untergebracht, ganz ganz bescheiden aber traumhaft schön. Selbstgewebte Bettvorleger auf dem Holzfußboden, wir wurden mit den besten Früchten aus dem Garten verwöhnt.

Ein sehr willkommener Nebeneffekt unseres Urlaubes war, dass wir erst am Vortag von Elisabeths Hochzeit wiederkamen. Der Polterabend war bereits gelaufen, was auf dem *Friedhof* eine ganze Woche krachende Feier bedeutete. Röschen machen, Kranz winden, Kranz aufhängen und dergleichen - jede Aktion erforderte ein eigenes Treffen und nichts ging ohne Ströme von Alkohol, was an einigen Stellen böse ausgeartet sein musste. Davon haben wir zum Glück nichts mitbekommen.

In Bugsteinfurt nannte man die Verhältnisse zwischen den Studenten von auswärts und Burgsteinfurter Mädchen „Bratkartoffelverhältnis". Jeder Student bekam ein Mädchen ab, die gingen weg wie warme Semmeln. Das war wahrscheinlich sehr wohltuend für die Stadt, in die ein bisschen frischer Wind blies. Ich musste über den Ausdruck immer schmunzeln, denn Henning liebte nichts mehr als Mamas Bratkartoffeln. „Kumm vörbi", lud sie ihn manchmal ein und bereitete ihm eine Pfanne davon zu.

Eines Samstagsmorgens hatten wir uns verabredet, es war gerade die Vierzig-Stunden-Woche eingeführt worden und ich musste samstags nicht mehr arbeiten. Henning kam mit seinem Opel Rekord vorgefahren, den er billig erworben und durch geschicktes Reparieren flott gemacht hatte. „Nimm ein bisschen

Kulturzeug mit, wir fahren zu meinen Eltern." Mir wurde ganz mau. Ich war ganz unsicher, aber Mutter in ihrem Drang, uns alle unter die Haube zu kriegen, ermunterte mich: „Goh du do mol hen!" Wir sind also zu seinen Eltern gefahren. Hennings Mutter sah aus, wie das Vorzeigebild einer deutschen Hausfrau, Kittelschürze, das ganze Programm. Sein Vater kam aus dem Keller gekrochen, er war offensichtlich genauso ein Bastler wie sein Sohn und als wir in den Keller gingen, sein aktuelles Projekt zu besichtigen, entschuldigte sich die gute Hausfrau tausendmal dafür, dass sie noch nicht dazu gekommen war, den Keller zu schruppen. So was hatte ich ja noch nie gehört. Ohnehin war mir der Atem weggeblieben, als ich in dieses Haus kam. Von außen war es eine schlichte Doppelhaushälfte, aber von innen glich unsere Hütte dagegen einem Stall. Ich wurde jedenfalls sehr herzlich empfangen. Muttern war glücklich, dass der Junge endlich was Ordentliches hatte, der Vater fand es sensationell, dass ich Anwaltsgehilfin war und wollte gleich ein paar Tipps und Ratschläge, auf die ich immer wieder antworten musste: „Ich habe nicht Jura studiert."

Henning und ich lernten uns mit der Zeit immer besser kennen und natürlich kam die Rede häufiger darauf, wie wir uns die Zukunft vorstellten, was wir uns vom Leben erhofften und wir hatten doch einen sehr ähnlichen Ausblick in die Zukunft, vor allem weil mein Wunsch, noch zu studieren, in seiner Anwesenheit immer mehr verblasste. Und es beeindruckte mich schon, wenn Elisabeth meinem Vater ein Beatmungsgerät anlegen wollte und Henning sich ganz selbstverständlich hinter ihn setzte, um seinen Oberkörper aufzurichten und ihn zu stützen. Das war einfach sehr warmherzig und menschlich.

Irgendwann habe ich die Entscheidung getroffen: Ich lasse mich jetzt auf diesen Mann ein. Ich schiebe den ganz Prüddel, den ich im Kopf habe, zur Seite, verheiratete Männer, die sensationell küssten, Studienpläne. Und dann habe ich mich erst verliebt. Hals über Kopf.

Henning hatte vor seinem Studium schon die Technikerschule besucht und als Chemikant bei Bayer gearbeitet. Auch seine Abschlussarbeit an der Ingenieurschule wurde von einem Ingenieur von Bayer begleitet. Diese Arbeit habe ich mit Erlaubnis von Dr. Eiler nach Dienstschluss im Büro in die Maschine getippt, weil wir dort schon eine elektrische Maschine hatten. Dort zu tippen hatte außerdem den

Vorteil, dass das Büro in der Nähe von Hilmars Studenten-„Bude“ lag, in der Henning sich oft aufhielt, weil die beiden viel zusammenarbeiteten. So waren bei Nachfragen die Wege nicht weit. Er hatte eine solch unleserliche Handschrift...

Henning hat die Ingenieursschule als Jahrgangsbester abgeschlossen und ist noch am Tag der Notenbekanntgabe im schwarzen Anzug zum Standesamt gegangen, um das Aufgebot zu bestellen. Er würde zwei Monate später bei Bayer in Dormagen anfangen zu arbeiten, und hatte nicht vor, Burgsteinfurt zu verlassen, ohne mich fest gebunden zu haben.

Ich war mal wieder halb und halb...

Für die Hochzeit mit Henning, gegen den Umzug nach Dormagen. Ich hatte mittlerweile in Erfahrung gebracht, dass es im Rheinland reine Notar- oder Rechtsanwaltskanzleien gab, nicht die Kombination von beidem. Das versprach, dass die Arbeit weniger abwechslungsreich und interessant sein würde. Außerdem würde ich wieder furchtbares Heimweh bekommen. Ich konnte es schon heraufziehen spüren...

Wunderbare Familienjahre

Aber ich hatte mich nun einmal entschieden und verliebt, also haben wir am 5. Februar 1970 in Burgsteinfurt geheiratet. Die Feier fand nach einem zünftigen Polterabend nicht zu Hause mit viel Alkohol, sondern in einer schicken Gaststätte statt. Nicht nur, weil ich dem Alkoholgelage entgehen wollte, sondern auch, um meine Schwiegereltern zu beeindrucken. Ich habe extra meinen Prämiensparvertrag aufgelöst, damit wir in Welbergen in einer ganz noblen Gaststätte feiern konnten. Das hat aber nicht wirklich geholfen. Zumindest bei Hennings Mutter veränderte sich ihre Haltung zu mir doch deutlich, als sie bei unserer Hochzeit zum ersten Mal mein Elternhaus in Burgsteinfurt betrat. Das hatte sie sich doch ein bisschen anders vorgestellt. Sie hätte gerne gesehen, dass ihre Kinder in „höhere Kreise" eingeheiratet hätten, und bei Hennings Schwester Elke hatte das auch im Ansatz geklappt. Sie war doch sehr geschockt, als sie unser „Anwesen", wie sie es immer nannte, betrat.

Dabei hatten wir das Haus geschrubbt und geschmückt und auf Vordermann gebracht, damit sie bloß glücklich war...

Da Henning auf einem Hochzeitstermin im Februar bestand, habe ich auf eine Hochzeitsreise in den Süden gedrängt. So sind wir, ebenfalls nicht zuletzt dank meines Prämiensparvertrages, nach Teneriffa geflogen und hatten eine wunderschöne Hochzeitsreise.

Wir haben sehr klar und offen über die Zukunft gesprochen. Unser hehres Ziel war, so schnell wie möglich zu bauen. Somit war auch vollkommen klar, dass ich weiterhin arbeiten würde, was damals durchaus nicht üblich war und vom Ehemann abgesegnet werden musste, und dass wir noch keine Kinder wollten. Beides entsprach vollkommen meinen Vorstellungen. Wir waren so wild entschlossen, dass wir uns vorgenommen haben, die Zähne zusammenzubeißen, sehr einfach und günstig zu wohnen, um möglichst schnell ins Eigenheim zu kommen. Wir waren uns auch sicher, dass wir das miteinander durchstehen würden. Henning war in der Beziehung sehr stark von seinen Eltern beeinflusst, deren Mantra lautete: Nicht Mietknecht werden, sondern Zinsknecht, und das so gering wie möglich; mit anderen Worten also: viel Eigenfinanzierung mitbringen. Aus dem Grunde hat Henning nach unserer Rückkehr aus Teneriffa eine sehr einfache, kleine möblierte

Wohnung in Dormagen für uns gesucht und ich habe begonnen, Bewerbungen zu schreiben. Zähne zusammenbeißen hatten wir uns vorgenommen und das wurde sehr schnell nötig. Unsere Wohnung war mit 36 Quadratmetern nicht nur klein, sondern ausgesprochen hässlich und roch vor allem extrem schlecht. Hinzu kam, dass der Mann der Vermieterin, Frau Conrad, Personalchef bei Bayer gewesen war und sie sich sonstwas einbildete. Man durfte dies nicht, man durfte das nicht. Sie ging auch schon mal in unsere Wohnung, wenn wir nicht da waren. Unser Badezimmer lag ohnehin außerhalb der Wohnung am Flur, da konnte sie jederzeit rein. Da habe ich denkbar ungerne gewohnt. Außerdem fühlte ich mich auch auf der Arbeit ausgesprochen unwohl. Die Frau von Rechtsanwalt Stoffels, bei dem ich mich beworben hatte, arbeitete ebenfalls mit im Büro, war keine gelernte ReNo-Gehilfin sondern Apothekerin, meinte aber, sie könne alles besser als ich, die ich zu dem Zeitpunkt schon mehrere Lehrlinge ausgebildet hatte.

Eines Tages war es so schlimm, dass ich Übelkeit vorgeschoben und vorzeitig gegangen bin. Statt nach Hause bin ich jedoch direkt in das Büro von Dr. Offermanns gegangen. Ich hatte mittlerweile mitbekommen, dass er ein großes Notariat in Dormagen hatte, über dessen Tische alles, was Pensionskassen, die Bayer AG usw. anging, lief. Dort habe ich gefragt, ob ich mich vorstellen dürfte. Einerseits bin ich direkt ein- und zum Chef vorgelassen worden, andererseits bekam ich sehr schnell mit, dass Dr. Offermanns seine Angestellten selbst ausbildete. Ich kam mir fast wie ein Eindringling vor. Aber ich wurde eingestellt. Dr. Offermanns war sehr nett, ein ganz strenggläubiger Katholik, da passte es, dass er Josef hieß und mit Maria verheiratet war, ein ausgesprochen liebevolles Ehepaar. Man kann sich gar nicht vorstellen, wie viele Kreditanträge in den Siebzigern in diesem Notariat abgewickelt wurden und was wir an Hypothekenbestellungen, Grundschuldbestellungen usw. auf den Tisch kriegten, das waren Mengen! Der Umfang war so gewaltig, dass Dr. Offermanns eigentlich permanent für Vertragsunterzeichnungen in seinem Zimmer saß.

Nachdem ich mich auf der Arbeit wohl fühlte, hat mir auch die schäbige Wohnung nicht mehr ganz so viel ausgemacht, da Henning und ich sehr viel gearbeitet haben und am Wochenende eigentlich grundsätzlich entweder in Lehrte oder in Burgsteinfurt waren. Freundschaften oder irgendein gesellschaftliches Leben aufzubauen, war unter den Umständen allerdings praktisch nicht möglich. Und so gab es immer wieder Zeiten, in denen ich vor Heimweh eingegangen bin. Wenn doch Elisabeth nur für eine Stunde kommen könnte! Wenn ich mal schnell auf einen Kaffee zu Mama gehen könnte! Wenn ich ganz schlimme Heimwehschübe hatte, kochte ich schon mal eine Kanne Kaffee und setzte mich mit den liebenswürdigen Mitarbeitern, die ich bei Dr. Offermanns hatte, zusammen. Aber das ging natürlich nicht ständig, dazu hatten wir viel zu viel Arbeit.

Ich hatte von Dr. Offermanns mittlerweile ein eigenes Büro zugewiesen bekommen, in dem auch Assessoren saßen, wenn sie eine ihrer Ausbildungsstationen bei uns verbrachten. Das erwies sich als großer Vorteil, weil ich für die häufig noch nach Feierabend Examensarbeiten oder andere Texte in die Maschine schreiben konnte und etwas dazu verdiente. Es war bei Offermanns von daher in jeder Hinsicht ideal. Da hätte ich wunderbar viele Jahre arbeiten können. Aber... ich wurde trotz unserer anderweitigen Päne und Maßnahmen schwanger!

Immerhin hatte ich bei Offermanns so viel über Baufinanzierung, den besten Weg zu günstigen Krediten usw. gelernt hatte, dass wir durchstarten konnten! Wenn das Grundstück bezahlt war, hatte ich gelernt, öffnete das den Weg für eine ganze Reihe von Krediten, die man ansonsten nicht bekam und die besonders gute Konditionen hatten. Für ein Grundstück wiederrum reichte unser Bausparvertrag. Sogar das Grundstück selber fanden wir über das Büro. Wir suchten nach etwas, das nicht direkt in Dormagen, sondern weiter auf dem Land lag. Eines Tages kam eine Kollegin in mein Büro. Sie hatte gerade die Mitteilung bekommen, dass ein Käufer in letzter Minute vom Kauf zurückgetreten war. „Es geht um ein Grundstück in Dormagan-Frixheim", sagte sie. „Bevor wir den Termin streichen: Willst du dir das nicht mal anschauen?" Es entsprach tatsächlich genau dem, wonach wir gesucht hatten. Schnell stand außerdem fest, dass wir aus Kostengründen ein Fertighaus bauen würden. Wir wählten einen Anbieter und das Modell und bekamen einen Liefertermin mitgeteilt. Zu diesem Termin musste Keller samt Verankerungen fertig sein. Die Herstellung des Kellers wollte Henning aus Kostengründen in Eigenregie übernehmen. Das würde enorm viel Arbeit für ihn bedeuten, aber immerhin war er Ingenieur, scheute die harte Arbeit nicht und hoffte auf die Hilfe seiner Kollegen und Schwager. Wir hätten also durchstarten können, aber die Baugenehmigung kam und kam nicht. Nicht zuletzt, weil wir uns für ein Fertighaus entschieden hatten, hätte das eigentlich total schnell gehen müssen, aber es passierte einfach nichts. Henning wurde langsam mehr als nervös und sah kaum noch eine Chance, wie er den Keller rechtzeitig zum avisierten Liefertermin fertigbekommen sollte. Aber - wir waren einfach ein gutes Gespann, er für die Praxis, ich für die Theorie. Ich sprach persönlich beim Bauamt vor, in dem unsere Akte angeblich nicht mehr aufzufinden war, erklärte der Sachbearbeiterin freundich aber bestimmt, dass wir nun die verloren gegangene Akte gemeinsam in den meterhohen Türmen, die sich um ihren Schreibtisch gebildet hatten, suchen würden. Und was fielt mir nach einiger Zeit und einigen Stapeln in die Hände? Unsere Bauakte! Plötzlich war alles kein Problem mehr, wir bekamen zügig die Baugenehmigung und es konnte endlich losgehen.

Hermann nahm sich sechs Wochen Urlaub, um uns zu helfen und wohnte in der Zeit mit in unserer winzigen Wohnung. Willi kam und half, viele von Hennings Kollegen halfen. Mein Mann war im Dauereinsatz! Als der LKW das Haus anlieferte, feierten wir, dass wir die Fundamente rechtzeitig fertig bekommen hatten. Ein großer Tag!

Am 18.12. fing mein Mutterschutz an. Gleichzeitig stellte ich fest, dass ich es keinen Tag länger mehr bei Frau Conrad aushalten würde! Unser Haus hatte noch keine Kellerfenster, der Dachboden befand sich im Rohbauzustand, aber es gab eine Einbauküche und die Heizung funktionierte. Was brauchten wir mehr? Noch vor Weihnachten brachten wir unsere wenigen Besitztümer in das neue, leere Haus, von dem wir immer noch als Baustelle sprachen, und fuhren direkt weiter nach Burgsteinfurt, um die Feiertage dort zu verbringen. Silvester saßen wir das erste Mal in unserem Haus. In dem 41 Quadratmeter großen Wohnzimmer standen zwei Stühle und ein kleiner Küchentisch. Das war alles, was wir an Möbeln besaßen. Im Schlafzimmer lagen zwei Luftmatratzen auf dem Fußboden. Es hallte, wenn wir sprachen. Wir saßen da und plötzlich fing Henning zu weinen an, das war das erste Mal, dass ich ihn habe weinen sehen. Wir hatten es geschafft. Die Last fiel von uns ab, vor allem von ihm.
Dabei war er weiterhin im Dauereinsatz. Wenn er von der Arbeit kam, werkelte er am Haus oder an

Möbeln. Aus Burgsteinfurt brachten wir das Kinderbettchen mit, in dem ich und meine Geschwister gelegen hatten, und eine alte Kommode. Auf die montierte Henning eine große Platte, so dass ich das Kind wickeln konnte. Als nächstes bekamen wir Schlafzimmermöbel. Mit so einem dicken Bauch auf die Luftmatratze und wieder hoch zu kommen, war gar nicht so einfach...

Am 6.1.1973 ist Britta geboren. Es war eine anstrengende Geburt, ein Dammschnitt war nötig, die Zange kam zum Einsatz. Ich war so froh, dass Elisabeth sich Urlaub genommen hatte, um für mich da zu sein, wenn ich aus dem Krankenhaus kam.
Neues Haus, neues Kind, schwere Geburt, nachts wenig, vom Stillen unterbrochener Schlaf, ich war mehr als erschöpft. Ich sehnte mich nur nach meiner Mutter, dass meine erfahrene Mutter mir mit dem Kind half, mir meine zusätzlich kräftezehrende Unsicherheit nahm. Und natürlich kam sie, entlastete mich, verhalf mir zu mehr Ruhe und nähte obendrein auch dunkelgrüne Samtgardinen für das Wohnzimmer, die wir todschick fanden und hervorragend zu den Siebziger-Jahre-Tapeten passten. Wir hatten nach und nach Möbel aus Lehrte und Burgsteinfurt her-

angekarrt, es wurde zunehmend wohnlicher. Das half mir nicht, ich hatte wieder Heimweh…

Eines Abends kam Henning nach Hause, sah mich an und sagte: „Morgen früh setze ich dich samt Kinderwagen in den Zug, dann fährst du erst mal ein paar Tage nach Hause. Ich sehe doch, wie du leidest.“ Das habe ich dann, solange die Kinder noch nicht zur Schule gingen, regelmäßig getan. Ich fühlte mich einfach so fremd in diesem kleinen Dorf, keinerlei familiäre Anbindung, noch dazu waren wir envangelisch im Erzbistum Köln…

Rommerskirchen ist im Grunde genommen aus vielen kleinen alten Siedlungsskernen zusammengewachsen. Wir wohnten auf einer Anhöhe, auf der außer unserem erst ein anderes Haus stand. Dort wohnten Deckerts, die ein Jahr vor uns eingezogen waren. Ansonsten gab es vereinzelte Höfe, wenig Besiedlung - aber einen Kindergarten, der aus allen Richtungen gut zu erreichen war. Ich traf also außer Frau Deckert nie einen Nachbarn. Das führte dazu, dass Britta und ich immer zusammen waren und sie ein extrem auf mich bezogenes Kind war, verständlicherweise, ich kannte niemanden, sie kannte niemanden, wir waren immer zusammen. Eine Zeitlang bildete ich mir ein, sie besonders fördern zu müssen. Das hatte in einer der Broschüren, die man beim Frauenarzt oder der Mütterberatung bekam, gestanden. Man sollte z.B. einen Topf auf den Teppich stellen und das Kind animieren, da so und so oft draufzuschlagen. Ich bin heute noch stolz auf mich, dass ich trotz dieser Ratschläge irgendwann merkte, dass das komplett falsch war, dass es viel sinnvoller war, sie einfach spielen zu lassen und Dinge selber zu entdecken Außerdem liebte sie es, vorgelesen zu bekommen, ich habe „kilometerweise" Bücher vorgelesen. Wir hatten zwar einen Fernseher, aber das kam ja zu der Zeit für Kinder noch gar nicht in Frage, wir guckten auch selber sehr wenig. Wenn ich keine Zeit hatte, man hatte in so einem Haus ja auch zu tun, der Garten musste komplett angelegt werden usw., liebte Britta es, Schallplatten zu hören, vor allem Märchenschallplatten.

Heike ist 1975 geboren, eine vollkommen andere Geburtserfahrung als bei Britta. Eigentlich hatten wir uns den Abstand zwischen den Kindern noch kürzer vorgestellt, aber es klappte dann gar nicht so schnell, wie gewünscht. Schon die Schwangerschaft verlief anders, ich fühlte mich eigentlich die ganze Zeit sehr wohl. Der Stress des Bauens und des Wohnens in der kleinen, unangenehmen Wohnung fiel weg, ich ging nicht mehr arbeiten. Vor allem aber fiel auch die Unsicherheit weg, ich hatte jetzt einen ganz kleinen Erfahrungsschatz. 1975 war ein extrem heißer Sommer, ich habe mir aus Seidenstoff ein Umstandskleid genäht. Ich seh mich darin noch im Garten sitzen und Johannisbeeren verlesen. Heike sollte Ende Juli kommen, es wurde dritter, vierter, siebter August. Wegen der Hitze schlief ich im Keller. Nachts weckten mich die ersten Wehen. Ich lief hoch, setzte mich aufs Podest vors Haus in die warme Nacht, auf der Nachbarwiese graste die Schäfchen, es war total schön und entspannt. Gegen halbfünf brachte Henning mich ins Etienne-Krankenhaus nach Neuss, nachdem er Frau Deckert unseren Schlüssel rübergebracht und sie gebeten hatte, bei Britta zu bleiben, bis Mama kam. Im Etienne angekommen blickte mich eine der Nonnen strafend an: „Sie hätten eher kommen müssen." Ich war kaum aus dem Fahrstuhl und lag noch nicht ganz auf der Liege, da wurde Heike geboren, fünf vor sechs. Das ist also wirklich alles sehr schnell gegangen. Zum verordneten Ausruhen wurde ich mit meinem Bett in einen Raum geschoben, in dem eine weitere Gebärende lag. Die war vollkommen fasziniert von meiner schnellen

Geburt, sie ackerte schon seit mehr als 24 Stunden mit ihren Wehen herum. „Oh bitte, verraten Sie mir Ihren Namen“, sagte sie, „ich würde gerne mit Ihnen auf einem Zimmer liegen.“ Dagegen hatte ich im Prinzip nichts, plante aber gar nicht, so lange zu bleiben. Ich war in Krankenhäusern immer auf der Flucht! Sobald ich konnte, wollte ich nach Hause! Nicht zuletzt deshalb bin ich direkt ins Bad gegangen, habe mich gründlich geduscht, mich zurechtgemacht. Jeder sollte sehen, dass ich schon wieder fit war. Erst dann lief ich zur Kinderstation - und war fasziniert. Heike sah vollkommen anders aus, als ihre große Schwester, sie war ein brünetter Typ. Wie großartig und doch einzigartig meine Kinder waren! Im Flur der Wöchnerinnenstation fiel mir plötzlich ein vertrauter Farbfleck ins Auge: Britta lief in dem Pluderhöschen, das ich selbst genäht hatte, auf mich zu gefolgt von Henning und Mutter. Diese regte sich furchtbar auf: „Wicht, wat mägst du, wat mägst du, goh int Bedde!“ Nach einer Geburt hatte die frischentbundene Mutter neun Tage stramm zu liegen! Stattdessen bin ich am nächsten Tag nach Hause gegangen, nachdem ich die entsprechende Erklärung unterschrieben hatte, dass ich das auf eigene Gefahr tat. Ich wusste einfach, dass Krankenhäuser nicht das

Umfeld waren, in dem ich mich besonders entspannen und erholen konnte.

Langsam, sehr langsam entwickelte sich in Rommerskirchen ein Freundeskreis. Mittlerweile hatte ein Ehepaar begonnen, neben uns zu bauen. Die machten ebenfalls viel in Eigenleistung. Manchmal kam die Frau, Ingrid, zu uns, weil sie einen Eimer Wasser für die Baustelle brauchten. Ingrid war zu dem Zeitpunkt unfassbar schüchtern. Es hat eine Weile gedauert, aber sie ist mir ein ganz wertvoller Mensch geworden.

Tatsächlich gab es in diesem Ort im Erzbistum Köln eine winzige evangelische Kirche, die nach dem Krieg für bzw. von Flüchtlingen gebaut worden war. Hier war eine alte Diakonisse aktiv, die mir die Mütterberatung im Dorf empfahl, eine Frauenärztin, die einmal im Monat kam, Mütter beriet und Kinder untersuchte. Dort lernte ich Gertrud Rupertz kennen, eine berufstätige Mutter und entsprechend energisch. Sie klingelte eines Tages an meiner Tür und erzählte mir von ihrem Vorhaben, einen Kegelclub…

Ich fiel ihr ins Wort: „Stopp! Ich habe einen Schwur geleistet. Ich werde in meinem Leben keinem Damenkegelclub beitreten. Warum? Wenn ich mit den Kindern im Zug nach Burgsteinfurt fahre, erlebe ich die betrunkenen Münsterländerinnen, die nach Rüdesheim am Rhein zum Feiern fahren! So was Niederes und Übles, nie in meinem Leben! Ich finde Kegeln toll, aber das ganze Drumherum…". Gertrud hatte mehrfach versucht, meinen Redeschwall zu stoppen: „Jetzt hör doch mal auf, lass mich doch mal zu Ende erzählen." Sie zählte auf, welche Frauen sie im Blick hatte. Zum Schluss fügte sie hinzu: „Bedingung ist außerdem: Keine Kegelausflüge." Oh, das klang ja schon ganz anders. So bin ich diesem Kegelclub beigetreten, habe zum Glück gegen meinen eigenen Schwur verstoßen, denn heute ist diese Gruppe mein Ein und Alles. Jede Frau in diesem Club geht für die andere durch dick und dünn. Natürlich gab es immer mal Ab- und Zugänge, Neusortierungen, aber die jetzigen Mitglieder sind Minimum vierzig Jahre zusammen!

Das wichtigste Ereignis für den Aufbau eines gemeinsamen Freundeskreises kündigte sich jedoch in Form eines unscheinbaren Flugblättchens an: „Wir planen einen Tennisplatz." Mit Müh und Not habe ich Henning überredet, mit mir zu dem Informationsabend zu gehen, der hatte überhaupt kein Interesse.

Wir spielten zwar beide gar kein Tennis, aber ich hatte schon länger damit geliebäugelt. Ich überredete Henning, betonte, es sei doch nur ein einziger Abend. „Wenn es uninteressant ist, wenn die Leute langweilig sind, müssen wir nie wieder dahin.“ Und dann fing Henning Feuer. Mein Mann war be-gei-stert! Es hatte sich schon eine Art Vorstand gegründet, dessen Mitglieder konnten extrem gut erklären, was sie wollten und dafür werben. Der Abend war so ein unglaublicher Volltreffer, dass Henning dann nicht nur mitmachte, sondern zu den ersten Bautrupps gehörte und später der Mann mit den meisten Aufbaustunden war. Der Tennisplatz wurde in Eigenleistung aus einem Acker gestampft. Wir kauften uns unseren ersten Tennisschläger für sage und schreibe 69 Mark und übten in einer Turnhalle mit dem ersten Vorsitzenden des Vereins, der genauso wenig Tennis spielen konnte, wie wir. Es wurde sofort ein Konditionsabend angesetzt und plötzlich waren wir in einer ganz tollen Sportgruppe. Damit begann unser gesellschaftlicher „Aufstieg“. Wir wuchsen zu einer Gemeinschaft zusammen und eine überragend schöne Zeit fing für uns alle an.

„Unser Minchen spielt Tennis“, wunderte sich meine Mutter und dachte, ich sei total übergeschnappt.

Golfen hätte noch gefehlt… Aber sie war vollkommen glücklich, dass ich glücklich war.

Wir bildeten eine Mannschaft in der alleruntersten Bezirksliga, fuhren zu Spielen, empfingen andere Vereine zu Spielen, die mussten bewirtet werden, es wurde gebacken, ein Fundus an Erlebnissen. Von Eliteclubs, die die Nase rümpften, weil wir nicht ganz in Weiß kamen… Wir Landeier machten einen Ausflug und es gelang uns nicht wirklich. Zudem konnten wir auch noch nicht Tennis spielen, die haben uns so was von fertig gemacht. Wir fingen gerade erst mit den ersten Trainerstunden an. Machte alles nichts, wir hatten einfach Spaß. Wir haben alle zusammen angefangen, man lernte sich kennen. Jeden Donnerstagabend war Konditionstraining, anschließend gingen wir noch in eine Kneipe auf ein Bierchen, aber eben auch nicht mehr, der Alkohol spielte für so eine sportliche Gruppe nicht die Rolle und alle mussten am nächsten Morgen früh raus. Wir gründeten recht bald auch eine Kinder- und Jugendabteilung, in der ich dann sehr aktiv war mit Organisieren, Chauffeurdienste leisten, Gäste betreuen.

So bekam unser Leben den wunderbaren, beglückenden Rhythmus, den es die nächsten Jahre und Jahrzehnte haben würde. Unsere Töchter haben mich kürzlich noch gefragt, ob es überhaupt ein Wochenende gab, an dem wir nicht unterwegs waren oder bei uns zu Hause gefeiert wurde. Es war eine wunderbare Zeit, gerade auch, weil wir von großen Dramen und tragischen Ereignissen verschont blieben. Wir hatten eine normale, glückliche Familienzeit. Und so wunderschön, wie das ist - es gibt nicht viel zu erzählen. Alles war eben normal. Unsere Kinder kamen zu Schule, unsere Tennisbegeisterung sprang auf Britta über, während Heike, die immer schon sehr tierlieb gewesen war und als Kleinkind Hummeln gestreichelt hatte, das Reiten für sich entdeckte, in unserer ländlichen Lage zum Glück ein zu realisierendes Hobby. Es war uns auch wichtig, ihre Interessen ernstzunehmen, nachdem sie unsere Tennisverrücktheit nicht teilte. So kam Liesel zu uns, bzw. auf einen Hof in unserer Nähe, ein Haflinger, der zum Gefährten von Heikes Kindheit wurde.

Meine Tage waren reichlich ausgefüllt, trotzdem hatte ich den Beruf immer noch im Blick. Als Heike und Britta zwei und vier gewesen waren, hatte ich für einen Juristen, der als Assessor bei Dr. Offermanns in meinem Büro gesessen hatte, ein Fachbuch in die Maschine getippt. Auch, aber nicht nur aus dem

Grunde hatte ich Britta in dem Kindergarten angemeldet, der praktisch vor unserer Haustür lag. Die Kindergärtnerin nahm sich Brittas ganz liebevoll an, aber immer, wenn ich aus dem Wohnzimmerfenster schaute, stand Britta wie eine Säule neben ihr, ohne sich zu bewegen. Sie wartete nur auf den Zeitpunkt, an dem Mama wiederkam...

Als die Kinder sieben und neun waren, annoncierte ein Rechtsanwalt aus Wevelinghofen, dass er stundenweise Hilfe brauchte. Dort habe ich angefangen. Seine Mutter war Bürochefin und behandelte mich wie eine bessere Schreibkraft. Ich tat nichts anderes, schrieb, schrieb Schriftsätze, Berge an Diktaphonen, das hat mich nicht wirklich glücklich gemacht. Die Kinder hatten um Viertel oder zwanzig nach eins schulfrei, es wurde zeitlich eng, ihnen ein warmes Mittagessen zuzubereiten, was mir aber wichtig war. Vor allem aber hat es mir einfach nicht gefallen. Ich habe dann noch einige Monate als Lehrkraft für Schreibmaschine und Steno an einer Schule zur Förderung und Weiterbildung von Arbeitssuchenden in Köln gearbeitet. Der Weg war vollkommen gruselig, ich musste dermaßen früh aus dem Haus, um nach Köln zu kommen. Ich hatte mein Tagwerk schon halb hinter mir, wenn ich in der Schule angekommen war, nur um Kursteilnehmende vor mir sitzen zu haben, die nicht alle hochmotiviert waren… Ich habe sehr schnell festgestellt, dass es mir einfach wichtiger war, mehr freie Zeit zu haben und nicht die ganze Familie diesem Stress auszusetzen. Natürlich war diese Entscheidung nur möglich, weil Henning so gut verdiente, dass ich aus finanziellen Gründen zumindest nicht arbeiten musste. Hinzu kam, dass er im Laufe der Zeit zwei Verbesserungsvorschläge bei Bayer anmeldete, zwei Patente, die immer noch mit dem Thema seiner Diplomarbeit zusammenhingen, Schneckenfördermaschinen. Ein Thema, das ihn sein Leben lang begleitet hat. Dieser Verbesserungsvorschlag und die beiden Patente waren mit einem Geldsegen verbunden, wir waren dann recht schnell sorgenfrei und konnten sogar zweimal im Jahr in den Urlaub fahren. Da Henning ein Sonnenanbeter war und wir beide für die Tennissaison fit sein wollten, ging es in den Osterferien grundsätzlich nach Djerba in Tunesien oder Agadir in Marroko, immer in große Hotels mit Tennisplätzen, auf denen wir uns den letzten Schliff für die Tennissaison auf unserer absolut untersten Amateurebene holten. In den Sommerferien machten wir außerdem noch große Familienreisen, oft in warme Länder, bereisten aber auch Skandinavien rauf und runter, wo im Sommer die Pilzsaison war. Ich kannte mich aus und die Mädchen liebten das Suchen und Sammeln. Britta ist in Agadir der Blinddarm entfernt worden, das war auch ein Erlebnis der besonderen Güte. Trotz unserer Tennisbegeisterung legten wir großen Wert darauf, von den Ländern, in denen wir waren, möglichst viel zu sehen. Wir waren gerade in einem botanischen Garten gewesen, als Britta plötzlich anfing, über furchtbare Bauchschmerzen zu klagen. Zurück im Hotel hat eines der Zimmermädchen einen Arzt gerufen, der ins Hotel kam und Britta sofort mit ins Krankenhaus nahm. Von einem Krankenhaus in Marokko hatten wir ehrlich gesagt nicht viel erwartet und waren vollkommen überrascht, dass wir in eine tiptop moderne Klinik kamen, in der nicht nur Britta, sondern auch wir Angehörigen toll versorgt und betreut wurden.

So hatten wir wunderschöne Jahre als Familie in Rommerskirchen. Die beiden Mädchen wechselten auf das Gymnasium, machten Abitur, begannen mit Studium und Ausbildung, zogen hinaus ins Leben...

Jahre des Auf und Ab

1996 gingen diese unbeschwerten schönen Jahre abrupt zu Ende, als Henning von seinem Arzt mitgeteilt wurde, dass er Krebs hatte, Prostatakrebs. Damit begannen die Jahre des Auf und Ab. Henning wurde operiert, die Behandlung schlug an, alles war gut. Oh, der Krebs war zurück, mehr Behandlung war nötig, das Zittern begann. Besonders spannend wurde es immer, wenn wieder mal der PSA-Wert gemessen wurde. Er war nicht gestiegen, er war doch gestiegen. Der Anstieg ließ sich bremsen, der Anstieg ließ sich nicht bremsen. Die Chemo schlug an, die Chemo schlug nicht an. Und irgendwann, nach neun Jahren, das Wort, das eine Wort, das man auf keinen Fall hören möchte. Austherapiert. Nichts mehr zu machen. Aus.

Natürlich ist in diesen neun Jahren die Zeit nicht stehen geblieben.
Unsere Töchter gründeten ihre eigenen Familien. Henning hatte zwischendurch wieder gearbeitet und wir hatten seinen Traum verwirklicht, mit Hurtigruten die norwegischen Fjorde zu erkunden. Wir hatten auch meine Traumreise realisiert, die mir seit

meiner Kindheit vorschwebte, seit Vater uns vorgeschwärmt hatte, wie schön Königsberg sei, wo er vor dem Krieg das Signalwerk mit aufgebaut hatte. „Wenn ihr einmal im Leben etwas Schönes sehen wollt…", hatte er immer gesagt. Wir waren mit einer Reisegruppe aus Dormagen durch Masuren gefahren und hatten von dort die Gelegenheit gehabt, mit einem Tagesvisum nach Königsberg zu fahren. Wir wurden mit dem Bus durch Königsberg gefahren, aussteigen durften wir nicht. Also, tiefer entsetzt und enttäuscht konnte man gar nicht sein. Eckige Betonklötze mit kleinen Fenstern und Rosttriefnasen bis zur nächsten Etage, alles von einem übelsten Gestank überlagert, weil offensichtlich in der Pregel, dem Fluss, der die Stadt durchquerte, jede Form von Abwasser landete. Ab und zu gab es immerhin eine Ahnung dessen, was mein Vater einst gesehen und gemeint haben musste, letzte Reste eines Stadttores und so etwas.

Henning mit seinem sonnigen Gemüt hatte mittlerweile beschlossen, vor allem die positiven Seiten seiner Erkrankung zu sehen. Er würde früher in Ruhestand gehen dürfen, war mittlerweile ohnehin die meiste Zeit krankgeschrieben, und plante daher, möglichst bald in die Nähe seiner Töchter und vor allem Enkel zu ziehen. Das war das Wichtigste, das hatte die Krankheit ihm deutlich vor Augen geführt. Wir kauften ein Grundstück in Braunschweig. Dann ging es aber so rapide mit Henning bergab, dass an Bauen gar nicht mehr zu denken war. Ein Freund fuhr ihn in ein Krankenhaus in Hannover, damit er schonmal in der Nähe seiner Töchter war. Auf einem Spaziergang, unserem letzten, wie sich später rausstellen sollte, es ging ihm schon ganz elend, erklärte er mir noch die Strategien, mit denen er seinen ältesten Enkel für Chemie begeistern wollte. „Wo nimmt dieser Mann seine Zuversicht her?", fragte ich mich verzagt.

Wie immer war es Elisabeth, die mir nicht nur zur Seite stand, sondern auch Klartext redete. Wir hätten Glück, sagte sie, wenn Henning das kommende Jahr noch erleben würde. Wenn wir nicht wollten, dass er im Krankenhaus starb, brauchten wir eine Wohnung vor Ort. Wir fanden eine Wohnung in Hannover, in die ich dann hektisch, allein, während Henning elendig im Krankenhaus lag, umzog. Mit Hilfe von vielen lieben Menschen habe ich es irgendwie geschafft, all das, was sich in unserem großen Haus in über dreißig Jahren angesammelt hatte, zusammenzupacken. Natürlich passten auf die 72 Quadratmeter unserer neuen Wohnung nur einige unserer Besitztümer. Ich beeilte mich, alles so einzurichten, dass ich Henning nach Hause holen konnte. Der Palliativarzt hatte Elisabeth erlaubt, Morphiumspritzen zu geben, daher war das möglich.

An Silvester erklärte Elisabeth: Ab jetzt ist Dauerwache angesagt. Elke, Hennings Schwester, Elisabeth und ich wechselten uns ab. Nach ein paar Tagen bekam ich jedoch schwere Schmerzen in der Leiste. Natürlich wollte ich sie ignorieren, ich wollte auf keinen Fall Henning in dieser Situation allein lassen, aber Elke, die mich wimmernd auf dem Boden sitzend vorfand, unfähig aufzustehen, holte sofort einen Krankenwagen.
Ich kauerte in der Notaufnahme und konnte gar nicht anders, als vor Schmerzen zu stöhnen, als zufällig Hennings Palliativarzt vorbeikam, mich sah und dem Personal in der Notaufnahme Beine machte: „Warum sitzt die Frau da, sieht man deren schweren Zustand nicht? Innerhalb von Minuten ist sie im OP!“
Weil ich so quengelte und mittlerweile im Krankenhaus bekannt war, dass mein Mann im Sterben lag,

wurde ich trotz der Bauchoperation am nächsten Tag entlassen und konnte bei Henning sein, als er starb. Am Tag seiner Beerdigung musste ich wie jeden Tag zur Nachuntersuchung. Ich hatte das Problem, dass wir das Ehebett auseinandergenommen hatten, damit all die Gerätschaften und Schläuche, die zur Versorgung notwendig waren, darum Platz fanden. Ich schlief also auf der Luftmatratze, was für eine Bauchwunde nicht gerade optimal ist. Jedenfalls hatte sich eine schwere Wasseransammlung gebildet. Ich musste punktiert werden, schaffte es gerade noch, mir den guten schwarzen Anzug anzuziehen und rechtzeitig zur Beerdigung zu kommen.

Nach Hause

Anschließend habe ich lange lange überlegt, wohin ich wollte und sollte. Ich war 59 Jahr alt. Ich hatte mir nie vorgestellt, wieder alleine zu sein. Aus unserer wunderbaren vertrauten Umgebung in Rommerskirchen hatten die Umstände uns rausgekickt, das Haus war mittlerweile verkauft, zurück konnte ich nicht. Man riet mir, erstmal gar nichts zu unternehmen, zu bleiben, wo ich war, wieder zu Kräften zu kommen.

Elisabeth saß unterdessen in Burgsteinfurt und lockte mich: „Komm nach Hause, komm nach Hause, wir können uns noch ein paar richtig schöne Jahre machen."

Nach Hause! Das klang in mir!

Elisabeth wohnte mit Heiner sehr gemütlich im Erdgeschoss unseres Elternhauses. Das Obergeschoss bedurfte hingegen einer Kernsanierung. Das gab mir die Möglichkeit, alle meine Vorstellungen und Wünsche zu verwirklichen. Dank alter Klassenkameraden hatte ich Kontakte zu Handwerkern und konnte mich auf sie verlassen. Es wurde eine Wohnung wie ein Schmuckkästchen: Schlafzimmer, Gästezimmer, Bad, Wohnküche.

Es war mir wohlig warm, auch durch meine kleine wunderschöne Wohnung. Elisabeth hatte einen Handarbeitskreis, dem ich mich anschloss, deren Mitglieder ich seit Jahren kannte. Es war einfach meine Ecke, örtlich hatte sich nichts verändert. Und seit die lokale Gerüchteküche Ereignisse, die sich vor Jahrzehnten zugetragen haben (sollen), seltener aufkocht, fühle ich mich einfach nur wohl.
Ich bin wieder zu Hause!

„Wo gehst Du, Mariechen?"

Taschenbuch, 148 Seiten.
14,90 Euro. ISBN: 978-3-937772-32-5

Im Alter von 105 Jahren blickt Marie Olschewski auf ihr Leben zurück. 1897 geboren, umspannt ihre Lebensgeschichte das gesamte 20. Jahrhundert, ein Jahrhundert, das sie mit zwei Kriegen, drei Fluchten und dem Verlust ihrer Heimat vor besondere Aufgaben gestellt hat. Genauso bewegend ist jedoch, wie die Bäuerin und neunfache Mutter den Alltag meistert. Marie Olschewski lässt in ihrer lebhaften, detailreichen Erzählung und mit ihrer zärtlichen Sprache eine untergegangene Welt wieder aufleben - Masuren.

Arnold Munter. Ein biografisches Geschichtsbuch

Taschenbuch, 268 Seiten.
18,90 Euro. ISBN: 978-3-937772-01-1

Es gibt Biografien, gegen die ist jedes Geschichtsbuch langweilig. Arnold Munters Lebensgeschichte gehört dazu. 1912 im Berlin der Kaiserzeit geboren, erlebt er nahezu alle Ereignisse, die das „deutsche" Jahrhundert geprägt haben, hautnah mit. Dabei ist er nie nur Beobachter. Jedes der politischen Systeme, die er in seinem Leben kennen lernt, versucht er mitzugestalten - oder zu bekämpfen. Dadurch erlebt er jede Epoche ganz bewusst. Sein ungewöhnliches Erinnerungsvermögen und seine lebendigen Schilderungen machen ihn neben seinem für die deutsche Geschichte geradezu exemplarischen Leben zu einem faszinierenden Zeitzeugen.

Gundi Busch
Mein eiskaltes Leben

Hardcover, 184 Seiten, über hundert sw Fotos und originale Zeitungsartikel, 19,90 Euro.
ISBN: 978-3-937772-13-4

Gundi Busch wurde 1954 die erste deutsche Eiskunstlaufweltmeisterin und damit nicht nur ein nationales Idol, sondern auch ein international gefeierter Star. Im grauen Nachkriegsdeutschland bekamen die Erfolge der „gudomliga Gundi", der vergötterten Gundi, wie die schwedische Presse sie nannte, märchenhafte Dimensionen. „Gundi Busch wird zur Zeit mehr fotografiert, als irgendeine Filmschauspielerin. Wer könnte ihr auch widerstehen?", fragten die Zeitungen. Noch heute, über fünfzig Jahre später, ist ihr Name den meisten Deutschen ein Begriff. Aber Gundi war nicht nur die Eiskönigin, der Publikumsliebling, der blonde Star auf Kufen, sie war auch ein achtzehnjähriges Mädchen - und: Sie hasste Schlittschuhe.

„Ich war viereinhalb, als mein Vater mich eines Sonntagsnachmittags das erste Mal in die Eishalle mitnahm. Ich sehe noch die Poren im Holz der Bande vor mir, an der ich mich ängstlich festhielt und die direkt auf Augenhöhe lag..."

Inge Krausbeck
Ausreisezeit.
Abschied von der DDR.

Taschenbuch, 170 Seiten.
14,90 Euro. ISBN: 978-3-937772-15-8

„Ich komme nicht zurück in die DDR!" Fassungslos vernimmt Inge Krausbeck im Februar 1988 am Telefon den vollkommen unerwarteten Entschluss ihres Mannes, von einem Verwandtenbesuch in Westdeutschland nicht nach Hause zu kommen - und weiß zunächst keine Antwort auf seine Frage: „Kommt Ihr nach?" Inge Krausbeck lebt gerne in der DDR. Als sie schließlich einen Ausreiseantrag für sich und die beiden Söhne stellt, geht es ihr in erster Linie darum, die Familie wieder zusammen zu bringen. Drei abgelehnte Ausreiseanträge, zwanzig Monate und zahllose Schikanen später sieht die Ärztin ihr Heimatland in einem ganz anderen Licht und nur noch einen Ausweg: die westdeutsche Botschaft in Prag. Es ist der Sommer 89...

Inge Krausbecks Erinnerungen, Auszüge aus ihrer Stasiakte und aus Briefen aller Familienmitglieder machen einen spannungsgeladenen „Abschied von der DDR" lebendig.

Haben Sie nahe Angehörige, deren Erinnerungen Sie gerne in würdiger Form bewahrt wissen wollen? Oder möchten Sie Ihre eigene Lebensgeschichte weitergeben? Ich bin Ihnen gerne dabei behilflich!